COLLECTION POÉSIE

PAUL ÉLUARD

Le livre ouvert

(1938-1944)

GALLIMARD

© *Éditions Gallimard*, *1947*.

Par ton audace
tu prolonges notre vie,
tu nous lies chaque jour
un peu plus
à cet univers sans défaut
où notre espoir
ignore les mirages.

C'est à toi
Pablo-Picasso,
mon ami sublime,
que je dédie ce livre.

Chanson complète

Trois chevaux aigus
Sauf vers le nord
Trois routes perdues
Sauf vers l'aurore.

NOUS SOMMES

Tu vois le feu du soir qui sort de sa coquille
Et tu vois la forêt enfouie dans la fraîcheur

Tu vois la plaine nue aux flancs du ciel traînard
La neige haute comme la mer
Et la mer haute dans l'azur

Pierres parfaites et bois doux secours voilés
Tu vois des villes teintes de mélancolie
Dorée des trottoirs pleins d'excuses
Une place où la solitude a sa statue
Souriante et l'amour une seule maison

Tu vois les animaux
Sosies malins sacrifiés l'un à l'autre
Frères immaculés aux ombres confondues
Dans un désert de sang

Tu vois un bel enfant quand il joue quand il rit
Il est bien plus petit
Que le petit oiseau du bout des branches

Tu vois un paysage aux saveurs d'huile et d'eau
D'où la roche est exclue où la terre abandonne
Sa verdure à l'été qui la couvre de fruits

Des femmes descendant de leur miroir ancien
T'apportent leur jeunesse et leur foi en la tienne
Et l'une sa clarté la voile qui t'entraîne
Te fait secrètement voir le monde sans toi.

C'est avec nous que tout vivra

Bêtes mes vrais étendards d'or
Plaines mes bonnes aventures
Verdure utile villes sensibles
A votre tête viendront des hommes

Des hommes de dessous les sueurs les coups les larmes
Mais qui vont cueillir tous leurs songes

Je vois des hommes vrais sensibles bons utiles
Rejeter un fardeau plus mince que la mort
Et dormir de joie au bruit du soleil.

NULLE RUPTURE

LA LUMIÈRE ET LA CONSCIENCE M'ACCABLENT D'AUTANT
DE MYSTÈRES, DE MISÈRES QUE LA NUIT ET LES RÊVES

Naissance de la nuit
Étoile de la rose
Secouant ses reflets
Voici dans un miroir
Qu'une lampe comme un matin d'hiver s'avance
Trébuchante
Bientôt brisée
Ayant laissé tomber sa toilette de fauve
La tempête la prend mourante au sein d'un fou
Roi des marais
Roi des brouillards
Qui chantait les vendanges d'une lune immense

Dans le four du miroir cuit le pain de la lampe
La peur de ne pouvoir conserver dans la nuit
Ce qui bouge et qui change
La peur de ne pouvoir vivre la nuit
Dans des draps éternels
Lumière propre aux rêves d'être malgré soi
Laborieux espoir de ne pas dire l'heure
Mais le temps innocent

Aveugle imaginaire sans mémoire
Le fou dans l'ombre fidèle au sang

Aux flammes d'ombre
Œil de brouillard
Œil de marais
Albâtre mûr
Et les reflets de la chaleur
La lumière qui s'enferme
Fenêtre
Sous la peau du miroir bat le cœur de la lampe
Fenêtre
Hier encore
Des portraits
Étaient à la fenêtre
A guetter l'arrivée de la lumière reine
Fenêtre
Hier encore
Des portraits défendaient les murs de la maison
Barrant tous les chemins nocturnes du délire
Retenant le fou en proie au vertige
Parmi ses pierres

Choisir
Ou ce refuge sans couleurs
Ou le sable fin de la chute
Et le ruisseau de sang qui va s'éteindre
Et le ruisseau de nuit qui bercera sous terre
Des mains seules des yeux seuls
Le crâne comme une montagne
Que personne ne gravira

Ou ce refuge sans vertu
Qu'envoûte une lampe inutile
Cette inondation de rides de manies
De regards mornes partagés par un miroir infâme
Ces monotones pas du cœur dans l'avenir
Les peurs les doutes l'ignorance imperméable

Plus rien qu'un méchant crépuscule.

A L'OMBRE DE MA PORTE

Le dernier chant d'oiseau donne des ailes noires
Aux heures de silence aux heures de sommeil
Le dernier bec d'oiseau se ferme sur mon œil
Logis sans fondations sans murs d'où je rayonne

Je me souviens du redoutable océan de midi
Je me souviens de la campagne bâillonnée
Par le soleil duvet de plomb sur un orage d'or

Je vis bien en été la chaleur m'émerveille

Je me souviens de cette fille aux cheveux jaunes aux
   yeux gris
Le front les joues les seins baignés de verdure et de lune
De cette rue opaque et dure où le ciel pâle
Se creusait un chemin comme on creuse un baiser

Je me souviens des mouvements hésitants de mes songes
Sur des lits incertains et d'un corps de nuages
Sortait un corps violent couvert de désirs et de chaînes

La chaleur tour à tour m'isole et me dénude

Il n'y a de fête qu'ici
Dans cet œuf que la terre et le jour ont couvé
Le repos dans la nuit d'été.

POÈME PERPÉTUEL

De l'œil du doigt j'étudie des sourires
Le petit jour l'herbe endormie
Qui se lève à la vue des bêtes
La poitrine qui n'a plus faim
Qui n'a plus honte

La femme qui se fait complice
D'amours sans force et d'amours forcenées
La femme attentive à la vie
A la tempête d'un sanglot
A l'île verte du silence

De l'œil du doigt j'étudie des sourires
Je les reflète
Quels sont ces êtres caressants
Qui parlent selon mon repos
Sourires selon la rosée

Le soleil doux comme une taupe
Une boucle sur un front bas
La longue nuit immobile est rompue
Le beau masque désarçonné
La chaîne usée

Une feuille qui se déplie
Un sourire qui continue
Mes yeux mes doigts
Notre jeunesse tendrement
Fait naître l'aurore sur terre.

L'OR ET L'EAU FROIDE

Sous les bandeaux des bras des lèvres
Reste immobile vérité
Racines sources sont amies.

Les couleurs vives des baisers
Te fermeront les yeux franchise.

Solitude beau miel absent
Solitude beau miel amer
Solitude trésor brûlant.

Soûlé lassé dépris défait
L'homme retourne au fond du puits.

FIN D'UN MONSTRE

**Il faut que tu te voies mourir
Pour savoir que tu vis encore
La mer est si haute et ton cœur bien bas
Fils de la terre mangeur de fleurs fruit de la cendre
Dans ta poitrine les ténèbres pour toujours couvrent
le ciel**

**Soleil lâche la corde les murs ne dansent plus
Soleil laisse aux oiseaux des voies impénétrables.**

VERTUEUX SOLITAIRE

Je nommerai ton front
J'en ferai un bûcher au sommet de tes sanglots
Je nommerai reflet la douleur qui te déchire
Comme une épée dans un rideau de soie

Je t'abattrai jardin secret
Plein de pavots et d'eau précieuse
Je te ligoterai de mon fouet

Tu n'avais dans ton cœur que lueurs souterraines
Tu n'auras plus dans tes prunelles que du sang

Je nommerai ta bouche et tes mains les dernières
Ta bouche écho détruit tes mains monnaie de plomb
Je briserai les clés rouillées qu'elles commandent

Si je dois m'apaiser profondément un jour
Si je dois oublier que je n'ai pas su vaincre
Qu'au moins tu aies connu la grandeur de ma haine.

A PEINE UNE PART DE SOUFFLE

Nous de l'avenir
Pour un petit moment pensons au passé
Vertu pense au malheur
Mon passé mon présent
Nous n'en avons plus peur

Nous disions amour et c'était la vie
Parmi les tours et sur les plages de l'enfance
C'était un sang léger aérien
Et d'aveux en aveux nous devenions les autres
Plaisir faire plaisir
Nous inventions le feu
Jamais rien que le feu

Quand je parlais seul
Je disais amour et c'était la vie
Je parlais j'écoutais encore mon semblable
Les mille rames de son cœur fendaient ma chair
Je parlais
Je ne veux pas voir cette ombre au soleil

Donne-moi ma peine rends-moi mon souci
Je ne veux pas voir
Ce fardeau de pluie sur l'eau de ton front
Sur l'eau sans fond de notre union.

A LA POURSUITE DES SAISONS

Entre le feu le nain de mars feu sans fumée
Jeu de lèvres jeu de naissances
Il y a des grâces de famille
Gorges toutes les rues des sources

Entre le jeu le feu d'avril
Qui forge des germes guindés

Le soir la terre qu'on éteint avec délices
Où l'on patauge
Dans l'oreiller de mai
Aux rêves accordés

Tu ne sépares pas
Mêmes ombres qu'au sein des verdures nouvelles
Le monde où tu végètes et celui où tu vois

Sans caprices la vie avance

Sur les plateaux des mers des vaisseaux de brouillard
Voguent vers un printemps que tu as oublié.

NE PAS ALLER AU CŒUR DES AUTRES :
EN SORTIR

I

Monte descends je ne prends part qu'à ton plaisir
Idole pâquerette giroflée pervenche
Aime pour moi dresse les fleurs abats les fruits
Cerne les roses fais mûrir les pommes loin de l'arbre
Assouplis l'or de la longue rivière
Bon cœur verse la chair
Dans les formes que j'aime
Beaux yeux ordonnez la lumière
A travers toute vie nouvelle.

II

Ton corps chante son assurance
Tout vouloir tout pouvoir à jamais
Ton espoir calme était un trésor fabuleux
Ta fièvre lente armait un soleil bienveillant
Son cortège de flammes tendres
Et d'oiseaux adroits agiles légers
Le jour n'est pas vide tes mains
N'étaient pas vides

Ce n'est pas seulement ta force qui l'habite

Mais la gloire de lire un bonheur sans limites
Dans la simplicité des lignes du présent.

TROIS POÈMES INACHEVÉS

à André Gaillard.

I

Les yeux ouverts aux gaîtés du silence
Je n'oublie pas les grandes roses
Fanées
Richesse et pauvreté.

II

On dit mes jambes font les routes
Puis on ne bouge plus

Non la terre est à personne.

III

Sur la mare du soleil blanc
Les branches mortes disparaissent

Et nous allons vers un asile
Où les regards nourrissent l'ombre
Le soleil nous dirige
Vers le sommeil ses cages et ses linges
Et ses chanteurs
Aux paupières ensanglantées
Aux voix pliées dans la poussière

Le soleil blanc a la douceur de ma fatigue
La nuit qui vient a la couleur de ton espoir

Qui fera rire les enfants
Et gambader les animaux
Qui fera chanter les oiseaux
Sur les sommets de la jeunesse
Sur nos gestes sur nos paroles
Pour que tu vives sans mourir.

LE CIEL DE TOUS LES JOURS

I

D'un grand geste dernière flamme
Il a chassé cette beauté
Qui l'orientait

L'été latent fini
Grise naissance au ciel flottant
De fleurs surprises par la nuit
Par l'affreuse mort de la terre

Comme une porte qui s'abat
Entre deux prisons éternelles
Sa tête sombre entre ses mains.

II

Le temps mesurait l'horizon
Les rives les massifs de brumes
La coque étoilée de la mer

Droit de se taire droit d'être invisible et calme

Des vignes s'allégeaient s'éteignaient dans son cœur
Le vin rompu fuyait toute révélation

Et le droit de n'avoir de force que pour soi
L'abolir d'un rire secret
Rien ne commande à la lumière.

LES VAINQUEURS D'HIER PÉRIRONT

                    « *Front de fer front de singe*
                    Ils perdront de vue la mer. »

I

Des décombres soutiennent un agneau pourri
Lès arbres aux pendus donnent couleur fraîcheur
Les diamants crus du jour polissent du sang dur

II

Ils ne rêvaient pas de combler leur tombe
De passer à la boue

III

Seul le feu pousse bien dans la terre des maîtres

IV

Un visage amer
De lait bleu de miel noir
Confit dans la fièvre
Gelé de misère
Un visage sans honte
Un visage assiégé
Ouvrant de grands yeux
Vivants comme un peuple
Et qui sauront veiller à tout

V

Seul le feu pousse bien dans ces yeux malheureux

VI

Veiller à tout à faire peur
A faire perdre pour avoir plus chaud au cœur

VII

Mais nos désirs sont moins lancinants dans la nuit
Frères que cette étoile rouge
Qui gagne malgré tout du terrain sur l'horreur.

14 avril 1938.

Le livre ouvert

I
(1938-1940)

Je suis bien sûr qu'à tout moment
Aïeul et fils de mes amours
De mon espoir
Le bonheur jaillit de mon cri
Pour la recherche la plus haute
Un cri dont le mien soit l'écho.

VIVRE

Nous avons tous deux nos mains à donner
Prenez ma main je vous conduirai loin

J'ai vécu plusieurs fois mon visage a changé
A chaque seuil à chaque main que j'ai franchis
Le printemps familial renaissait
Gardant pour lui pour moi sa neige périssable
La mort et la promise
La future aux cinq doigts serrés et relâchés

Mon âge m'accordait toujours
De nouvelles raisons de vivre par autrui
Et d'avoir en mon cœur le sang d'un autre cœur

Ah le garçon lucide que je fus et que je suis
Devant la blancheur des faibles filles aveugles
Plus belles que la lune blonde fine usée
Par le reflet des chemins de la vie
Chemin des mousses et des arbres
Du brouillard et de la rosée
Du jeune corps qui ne monte pas seul
A sa place sur terre
Le vent le froid la pluie le bercent
L'été en fait un homme

Présence ma vertu dans chaque main visible
La seule mort c'est solitude
De délice en furie de furie en clarté
Je me construis entier à travers tous les êtres
A travers tous les temps au sol et dans les nues
Saisons passantes je suis jeune
Et fort à force d'avoir vécu
Je suis jeune et mon sang s'élève sur mes ruines

Nous avons nos mains à mêler
Rien jamais ne peut mieux séduire
Que notre attachement l'un à l'autre forêt
Rendant la terre au ciel et le ciel à la nuit

A la nuit qui prépare un jour interminable.

NOUS N'IMPORTE OÙ

L'oiseau s'arrête guette une proie invisible
Il chasse il donne à ses petits
De quoi chanter voler dormir

Au dur contact de la forêt fermée
Il préfère les champs humides
Chargés des derniers brins du jour

La fine trame de la vie
Couvre doucement ton visage
Et tu tiens dans cette corbeille
Nos moyens nos raisons de vivre
Tu es aussi sage que belle
A toi vont les mots les plus beaux

Nous parlerons ce soir de nous et des oiseaux
Nous n'écouterons pas la longue et sourde histoire
Des hommes chassés de chez eux
Par la mort aux mâchoires d'or
Des hommes moins fiers que des bêtes
Qui suivent le malheur partout
Que n'arrivent-ils donc tout nus
Dans un asile de clarté comme le nôtre

Nous prenons souci l'un de l'autre
Jour après jour nous gardons notre vie
Comme un oiseau sa forme éclose
Et son plaisir
Parmi tant d'oiseaux à venir.

« JE VEUX QU'ELLE SOIT REINE ! »

à Nusch.

Un village une ville et l'écho de ma voix

L'oreille fascinée efface le silence
Écoute sur le toit les voleurs de beau temps
Gorgés de vent de pluie
Ils venaient de la mer ils allaient vers le ciel
Ils sont restés en route
Écoute pour apprendre à dire les raisons
De ce que tu entends

Dans la rue
D'un homme on en fait deux
Et de toutes les femmes on dégage l'unique
A qui je parle
A toi écoute je réponds
A toutes tes paroles aux premières aux dernières
Aux murmures aux cris à la source au sommet
Je te réponds mon amour sans limites

Un village une ville et l'écho de ta voix
Taillant les villages les villes les partageant
La grande règle

Ce qui est digne d'être aimé
Contre ce qui s'anéantit

Sans songer à d'autres soleils
Que celui qui brille en mes bras
Sans t'appeler d'un autre nom
Que notre amour
Je vis et règne entre des murs
Je vis et règne hors des murs
Sur les bois sur la mer sur les champs sur les monts
Et sur les yeux et sur les voix qui les répètent

Habitante d'un monde où sans toi je n'ai rien
Ton cœur qui déjà dort oublie tout sauf mon cœur
Dehors nos souvenirs nuits à flanc de journées
Agitent nos liens sans pouvoir les briser.

SEUL

A droite du ciel sombre un arbre fleurirait
Rieur tout flambant rose et le ciel en vivrait
Moi j'en rêve perdu dans le jour ravagé
Et de longs frissons froids blanchissent mes pensées.

CRIER

Ici l'action se simplifie
J'ai renversé le paysage inexplicable du mensonge
J'ai renversé les gestes sans lumière et les jours impuis-
    sants
J'ai par-dessus terre jeté les propos lus et entendus
Je me mets à crier
Chacun parlait trop bas parlait et écrivait
Trop bas

J'ai reculé les limites du cri

L'action se simplifie

Car j'enlève à la mort cette vue sur la vie
Qui lui donnait sa place devant moi

D'un cri

Tant de choses ont disparu
Que rien jamais ne disparaîtra plus
De ce qui mérite de vivre

Je suis bien sûr maintenant que l'été
Chante sous les portes froides
Sous des armures opposées

Les saisons brûlent dans mon cœur
Les saisons les hommes leurs astres
Tout tremblants d'être si semblables

Et mon cri nu monte une marche
De l'immense escalier de joie.

Et ce feu nu qui m'alourdit
Me rend ma force douce et dure

Ainsi voici mûrir un fruit
Brûlant de froid givré de sueur
Voici la place généreuse
Où ne dorment que les rêveurs
Le temps est beau crions plus fort
Pour que les rêveurs dorment mieux
Enveloppés dans des paroles
Qui font le beau temps dans mes yeux

Je suis bien sûr qu'à tout moment
Aïeul et fils de mes amours
De mon espoir
Le bonheur jaillit de mon cri

Pour la recherche la plus haute
Un cri dont le mien soit l'écho.

DEUX VOIX EN UNE

à Cécile.

Enfant toujours blotti dans un temps inégal
Murs ensoleillés murs opaques
Réduisant ton bonheur à ce qui change vite
Les ronces de tes jeux déchirent l'églantine
Déchirent ce champ de blé noir
Dont les couleurs se sont si longtemps répétées
Ruines naissances le soleil bat en ton cœur
Dans l'air une odeur d'herbe et de chiens perdus
Et dans la pluie il n'y a place que pour toi

Mais tu quittes la tour de la pluie pour le bruit
De la tempête dans un port luisant d'audace

Le sable tuméfié où se cachent les bêtes
Résiste aux flots brûlants au ciel lourd à l'orage
Seul un vent de lumière souffle
Et tu écrases sous des pierres sous tes reins
La paille de sa litière
Ce soir tu n'iras pas au lit
Avant d'avoir réduit les tentations de l'ombre
Avant d'avoir conquis la place de demain
Pour que tes yeux nouveaux aient leur route pavée

De fenêtres plus grandes et de toits mieux posés
Que tes doigts maladroits

Petite foule petit berger les astres suivront tes paroles
Les nuits blanches prendront le ton de la confiance

Demain feux fixes des couleurs
Demain la vision confondue
Et le premier regard aveugle
De la nature sur tes œuvres
Demain tu sors du monde et tu entres en toi.

Mes mains brûlantes glissent sur les murs glacés
J'ai peu d'espoir peu de mémoire
Déjà j'ai tout perdu
Je n'ai plus ces maisons de roses pénétrées
Ni les rues ces rameaux de l'arbre le plus vert

Mais les derniers échos de l'aube maternelle
Ont adouci mes jours.

JUSTICE

Lourde image d'argent misère aux bras utiles
A l'ancienne à la simple on mangera les fleurs
Ceux qui pleurent de peine auront les yeux crevés
Et ceux qui rient d'horreur seront récompensés.

JOUER

Ce pain gardé par des guerriers
Ce pain que j'ai en tête
Que je veux partager

Cette fiancée rebelle
Son feuillage de soie rêche
Son manteau sacrifié

Sous leurs fenêtres folles
Les habitants de ma rue
Se détournant d'eux-mêmes

A tâtons des rires des larmes
Des morts pleines de majesté
Des lumières mangées aux vers

Je n'ai pas le temps d'être clair
Ni de faire toilette
Ma grâce se dessèche

Je n'ai plus de reflet.

MOURIR

Plus une plainte plus un rire
Le dernier chant s'est abattu
Sur la campagne informe et noire

Solitude aux hanches étroites
Marraine des trésors perdus
Il n'y a de murs que pour moi

Mille misères conjuguées
Peuvent faire le plus grand rêve
Mourir fortes mourir d'espoir

Moi mon image s'est fanée
Unique à sa propre lumière
J'oublie et je suis oublié

Entre les murs l'ombre est entière
Et je descends dans mon miroir
Comme un mort dans sa tombe ouverte.

MOURIR

Qui ne veut mourir s'affole
Qui se voit mort se console

Que sortira-t-il de toi
Quelle danseuse immobile
Blanche très exactement

Quelle mendiante d'été
Aux vertus encore vertes
Aux sourires suppliciés

Quelle belle aux gants pudiques
Aux mains vierges au front lisse
Quel jour quel regard quel songe

Aveugle aux ombres terrestres
Tu mourras les yeux ouverts.

FINIR

Les pieds dans des souliers d'or fin
Les jambes dans l'argile froide
Debout les murs couverts de viandes inutiles
Debout les bêtes mortes
Voici qu'un tourbillon gluant
Fixe à jamais rides grimaces
Voici que les cercueils enfantent
Que les verres sont pleins de sable
Et vides
Voici que les noyés s'enfoncent
Le sang détruit
Dans l'eau sans fond de leurs espoirs passés

Feuille morte molle rancœur
Contre le désir et la joie
Le repos a trouvé son maître
Sur des lits de pierre et d'épines

La charrue des mots est rouillée
Aucun sillon d'amour n'aborde plus la chair
Un lugubre travail est jeté en pâture
A la misère dévorante
A bas les murs couverts des armes émouvantes
Qui voyaient clair dans l'homme
Des hommes noircissent de honte

D'autres célèbrent leur ordure
Les yeux les meilleurs s'abandonnent

Même les chiens sont malheureux.

PASSER

Le tonnerre s'est caché derrière des mains noires

Le tonnerre s'est pendu à la porte majeure
Le feu des fous n'est plus hanté le feu est misérable

L'orage s'est coulé dans le tombeau des villes
S'est bordé de fumées s'est couronné de cendres
Le vent paralysé écrase les visages

La lumière a gelé les plus belles maisons
La lumière a fendu le bois la mer les pierres
Le linge des amours dorées est en charpie

La pluie a renversé la lumière et les fleurs
Les oiseaux les poissons se mêlent dans la boue

La pluie a parcouru tous les chemins du sang
Effacé le dessin qui menait les vivants.

AU FOND DES MAINS

Au fond des mains de la croix il y a
La froide ligne droite de la loi.

QUATRE DEUILS

I

Pain ronronnant banale tentation

Ordinaire larron pauvre homme
Entame ton action idéale si simple
Réduire ton désir
Entame sans détours élégants ton bien
Ton or ce pain
Un sou des autres
Les espoirs sacrifiés périmés atrophiés sans cœur
Yeux sans un nerf front bas
Ineptes sourires saufs serpents réchauffés
Éclairs zézayant vagissant élans manqués
Ordure ce pain
Un sou à perdre.

II

Ravir sans honte nids et fruits

Sauvage à table

Simule un repas indécent
Et que ton rire verse vrai
L'éclat du soleil sous les feuilles

Allons toujours un geste en plus
Une aile en plus pour les oiseaux
Une prune pour les guêpes
Et toujours un mot pour rien

Bonne terre changée en homme
Attention tu ne sais pas vivre
Errant couvre avec soin tes traces
Pour ne pas disparaître.

III

Je tremble c'est des misères misère
La fin viendra en moment inutile
Le soleil prend sa place sur la terre
Mais ce n'est plus sur lui que je m'appuie

Que mon corps gèle et que mon cœur durcisse
Il me faut bien trouver le lieu secret
Où j'oublierai lentement que j'existe
Alors mes frères n'ayant plus de frère

Ne craindront plus l'image de leur mort.

IV

Meurt-de-faim mendiants et larrons
Votre chemin a la largeur

Du monde et vous vous égarez
Et vous crevez dans les prisons

Vous ne savez rien que manger
Et manger vous est aventure
Vous faites valoir le bonheur
Pour n'en recevoir que souillure

Vous supportez toute souffrance
Pourvu qu'elle soit imprévue
Et l'on vous montre l'âpre horreur
De votre vie réglée d'avance.

PAILLE

Paille mêlée au grain
Fumée mêlée au feu
Pitié mêlée au mal.

ENFANTS

L'alouette et le hibou dans le même jardin
Étoilé d'œufs brisés par des becs et des ailes
Les agneaux et les loups dans les mêmes beaux draps
Dans le lait débordant de leur gloutonnerie.

VUE DONNE VIE

I

Rayons des yeux et des soleils
Des ramures et des fontaines
Lumière du sol et du ciel
De l'homme et de l'oubli de l'homme
Un nuage couvre le sol
Un nuage couvre le ciel
Soudain la lumière m'oublie
La mort seule demeure entière
Je suis une ombre je ne vois plus
Le soleil jaune le soleil rouge
Le soleil blanc le ciel changeant
Je ne sais plus
La place du bonheur vivant
Au bord de l'ombre sans ciel ni terre.

II

Le matin les branches attisent
Le bouillonnement des oiseaux

Le soir les arbres sont tranquilles
Le jour frémissant se repose.

III

Tout disparut même les toits même le ciel
Même l'ombre tombée des branches
Sur les cimes des mousses tendres
Même les mots et les regards bien accordés

Sœurs miroitières de mes larmes
Les étoiles brillaient autour de ma fenêtre
Et mes yeux refermant leurs ailes pour la nuit
Vivaient d'un univers sans bornes.

IV

Dans les ténèbres du jardin
Viennent des filles invisibles
Plus fines qu'à midi l'ondée
Mon sommeil les a pour amies
Elles m'enivrent en secret
De leurs complaisances aveugles.

V

Unis la fraîcheur et le feu
Unis tes lèvres et tes yeux
De ta folie attends sagesse
Fais image de femme et d'homme.

VI

Homme au sourire tendre
Femme aux tendres paupières
Homme aux joues rafraîchies
Femme aux bras doux et frais
Homme aux prunelles calmes
Femme aux lèvres ardentes
Homme aux paroles pleines
Femme aux yeux partagés
Homme aux deux mains utiles
Femme aux mains de raison
Homme aux astres constants
Femme aux seins de durée

Il n'est rien qui vous retient
Mes maîtres de m'éprouver.

VII

La grande rivière qui va
Grande au soleil et petite à la lune
Par tous chemins à l'aventure
Ne m'aura pas pour la montrer du doigt

Je sais le sort de la lumière
J'en ai assez pour jouer son éclat
Pour me parfaire au dos de mes paupières
Pour que rien ne vive sans moi.

JE NE SUIS PAS SEUL

Chargée
De fruits légers aux lèvres
Parée
De mille fleurs variées
Glorieuse
Dans les bras du soleil
Heureuse
D'un oiseau familier
Ravie
D'une goutte de pluie
Plus belle
Que le ciel du matin
Fidèle

Je parle d'un jardin
Je rêve

Mais j'aime justement.

MÉDIEUSES

I

Elle va s'éveiller d'un rêve noir et bleu
Elle va se lever de la nuit grise et mauve
Sa jambe est lisse et son pied nu
L'audace fait son premier pas

Au son d'un chant prémédité
Tout son corps passe en reflets en éclats
Son corps pavé de pluie armé de parfums tendres
Démêle le fuseau matinal de sa vie.

II

Près de l'aigrette du grand pont
L'orgueil au large
J'attends tout ce que j'ai connu
Comblée d'espace scintillant
Ma mémoire est immense

La bonté danse sur mes lèvres
Des haillons tièdes m'illuminent
Une route part de mon front

Proche et lointaine
La mer bondit et me salue
Elle a la forme d'une grappe
D'un plaisir mûr

J'aimais hier et j'aime encore
Je ne me dérobe à rien
Mon passé m'est fidèle
Le temps court dans mes veines.

III

Sous des poutres usées sous des plafonds stériles
Dans une vaste chambre petitement garnie
Les genoux ligotés confèrent qualité
A la ligne droite misérable

Ses cheveux pris au piège d'un miroir brisé
C'est sur la mousse de son front que l'eau roucoule
La dérive évasive d'un sourire entraîne
Sa dernière illusion vers un ciel disparu.

IV

Dans les parages de son lit rampe la terre
Et les bêtes de la terre et les hommes de la terre
Dans les parages de son lit
Il n'y a que champs de blé
Vignes et champs de pensées

La route est tracée sans outils
Les mains les yeux mènent au lit

A l'ardent secret révélé
Aux ombres taillées en songe

Délié des doigts de l'air l'élan
Le vase d'or d'un baiser

La gorge lourde et lente
Par mille gerbes balancée
Arrive aux fêtes de ses fleurs

Elle donne soif et faim

Son corps est un amoureux nu
Il s'échappe de ses yeux
Et la lumière noue la nuit la chair la terre
La lumière sans fond d'un corps abandonné
Et de deux yeux qui se répètent.

v

Mes sœurs prennent dans leurs toiles
Les cris et les plaintes des chiens
Moi je préfère me nourrir
De l'espoir d'une ardeur sans fin
Oranger noir armure blonde
Grisante abeille rire en course
Rire invisiblement masqué
Écorce d'aube aile étourdie
Nichée de feuilles débauchées
Jeune poison liane montagne
Sueur de nage fumée froide
Pas de géant danse battante
Front éternel paume parfaite
Puits en plein air essieu de vent
Monument vague flamant fou

Jeu sans perdant santé sans trous
Torche brûlant dans l'eau tour mixte
Martyr radieux aux angles vifs
Œil clair à travers honte et brume
Première neige réjouissante
Mérite de la solitude
Exil aux sources de la force.

VI

Où es-tu me vois-tu m'entends-tu
Me reconnaîtras-tu
Moi la plus belle moi la seule
Je tiens le flot de la rivière comme un violon
Je laisse passer les jours
Je laisse passer les bateaux les nuages
L'ennui est mort près de moi
Je tiens tous les échos d'enfance mes trésors
Avec des rires dans mon cou

Mon paysage est un bien grand bonheur
Et mon visage un limpide univers
Ailleurs on pleure des larmes noires
On va de caverne en caverne
Ici on ne peut pas se perdre
Et mon visage est dans l'eau pure je le vois
Chanter un seul arbre
Adoucir des cailloux
Refléter l'horizon
Je m'appuie contre l'arbre
Couche sur les cailloux
Sur l'eau j'applaudis le soleil la pluie
Et le vent sérieux

Où es-tu me vois-tu m'entends-tu
Je suis la créature de derrière le rideau
De derrière le premier rideau venu
Maîtresse des verdures malgré tout
Et des plantes de rien
Maîtresse de l'eau maîtresse de l'air
Je domine ma solitude
Où es-tu
A force de rêver de moi le long des murs
Tu me vois tu m'entends
Et tu voudrais changer mon cœur
M'arracher au sein de mes yeux

J'ai le pouvoir d'exister sans destin
Entre givre et rosée entre oubli et présence

Fraîcheur chaleur je n'en ai pas souci
Je ferai s'éloigner à travers tes désirs
L'image de moi-même que tu m'offres
Mon visage n'a qu'une étoile

Il faut céder m'aimer en vain
Je suis éclipse rêve de nuit
Oublie mes rideaux de cristal

Je reste dans mes propres feuilles
Je reste mon propre miroir
Je mêle la neige et le feu
Mes cailloux ont ma douceur
Ma saison est éternelle.

VII

Et par la grâce de ta lèvre arme la mienne.

AU PREMIER MOT LIMPIDE

Au premier mot limpide au premier rire de ta chair
La route épaisse disparaît
Tout recommence

La fleur timide la fleur sans air du ciel nocturne
Des mains voilées de maladresse
Des mains d'enfant

Des yeux levés sur ton visage et c'est le jour sur terre
La première jeunesse close
Le seul plaisir

Foyer de terre foyer d'odeurs et de rosée
Sans âge sans raisons sans liens

L'oubli sans ombre.

ONZE POÈMES DE PERSISTANCE

RIEN QUE LE GRAND AIR

Au tombeau des couleurs
Dont les vitres faiblissent
La fumée s'évanouit.

LE RÔLE DE L'IMPUISSANCE

Des larmes ont lavé ce visage rieur
Qui amadoue un enfant dur aux yeux hautains.

JOURS SANS OMBRES

Ses seins ses yeux ses mains ensemble
Unissent les jours les plus beaux.

BARIOLAGE

Caresse lueur sous la cendre
Violette sous des roses blanches.

PREMIER MOMENT

Entre mon lit sombre et l'écume ardente
Du jour révélateur
S'inscrit une irritante loi bouger.

LES DIEUX

Géant rouge géant blanc
Le vin le pain
Cultivent les hommes.

L'ORAGE

Mon chien s'inquiète d'un miroir
Son front se ride au moindre bruit
Le vent mange des ailes.

PROPORTIONS

Si le ciel vide s'agrandissait
Cet arbre solitaire
Disparaîtrait.

PREMIER ET DERNIER ACTE
DE LA TRAGÉDIE

Et contre ma folie donne-moi ton amour
Contre mon sang versé ton cœur
Ce soir nous jouons sans public.

RENONCEMENT

Or une rivière s'allongea
Pour ne pas se perdre.

INDÉPASSABLE

Aucune cible ne dissipe
Le voyageur percé de flèches
Le voyageur infatigable.

RENCONTRES

à Germaine et Georges Hugnet.

I

Doux monstre tu tiens la mort dans ton bec
Doux monstre à tes seins perle le bon lait
Dans tes yeux heureux mes yeux malheureux
Vont faucher le blé tarir les fontaines
Détourner de toi les routes humaines.

II

Les ours cruels et ravissants
Nés le jour même de la guerre
Prononcent des vœux innocents.

III

La cellule du prisonnier
Qui n'était pas trop grande pour une araignée.

IV

Orvet fléau de la balance
Entre deux haines transparentes.

V

Attention tes plumes débordent
Tu trembles de ne pas voler.

VI

Me voici né quelle erreur
Dit l'ami chien pour toujours.

VII

Les champs roses verts et jaunes
Sont des insectes éclatants
Partis
De mon infini champ de mai.

VIII

Maisons et rues éteintes en mes oreilles
Je rêve de vous corbeaux qui chantez le silence

Corbeaux le bec enfariné
Si vieux
Qu'ils ne se savent plus au monde.

IX

Ici mille pies contrarient
Mille petites lunes diurnes.

X

Pour nous faire oublier le froid
Sur la neige un doigt dessina
La silhouette blonde d'un lion.

XI

Prenez garde à vos pattes
L'homme a les pieds en sang.

POUR VIVRE ICI

I

Je fis un feu, l'azur m'ayant abandonné,
Un feu pour être son ami,
Un feu pour m'introduire dans la nuit d'hiver,
Un feu pour vivre mieux.

Je lui donnai ce que le jour m'avait donné :
Les forêts, les buissons, les champs de blé, les vignes,
Les nids et leurs oiseaux, les maisons et leurs clés,
Les insectes, les fleurs, les fourrures, les fêtes.

Je vécus au seul bruit des flammes crépitantes,
Au seul parfum de leur chaleur;
J'étais comme un bateau coulant dans l'eau fermée,
Comme un mort je n'avais qu'un unique élément.

1918.

II

Le mur de la fenêtre saigne
La nuit ne quitte plus ma chambre

Mes yeux pourraient voir dans le noir
S'ils ne se heurtaient à des ruines

Le seul espace libre est au fond de mon cœur
Est-ce l'espace intime de la mort
Ou celui de ma fuite

Une aile retirée blessée l'a parcouru
Par ma faiblesse tout entier il est cerné
Durerai-je prendrai-je l'aube
Je n'ai à perdre qu'un seul jour
Pour ne plus même voir la nuit

La nuit ne s'ouvre que sur moi
Je suis le rivage et la clé
De la vie incertaine.

III

La lune enfouie les coqs grattent leur crête
Une goutte de feu se pose sur l'eau froide
Et chante le dernier cantique de la brume

Pour mieux voir la terre
Deux arbres de feu emplissent mes yeux

Les dernières larmes dispersées
Deux arbres de feu me rendent la vie

Deux arbres nus
Nu le cri que je pousse
Terre

Terre vivante dans mon cœur
Toute distance conjurée

Le nouveau rythme de moi-même
Perpétuel

Froid plein d'ardeur froid plein d'étoiles
Et l'automne éphémère et le froid consumé
Le printemps dévoué premier reflet du temps
L'été de grâce par le cœur héros sans ombres

Je suis sur terre et tout s'accommode du feu.

IV

à Jean Arp.

Autour des mains la perfection
Mains pâles à déchirer le sang
Jusqu'à ce que le sang s'émousse
Et murmure un air idéal

Autour de tes mains la nature
Compose ses charmes égaux
A ta fenêtre
Aucun autre paysage
Que le matin toujours

Toujours le jour au torse de vainqueur

La jeunesse comblant la chair

En caressant un peu la terre
Terre et trésor sont mêlés
En écartant quelques brins d'herbe
Tes mains découvrent le soleil
Et lui font de nouveaux berceaux.

V

Aucun homme n'est invisible
Aucun homme n'est plus oublié en lui-même
Aucune ombre n'est transparente

Je vois des hommes là où il n'y a que moi
Mes soucis sont brisés par des rires légers
J'entends des mots très doux croiser ma voix sérieuse
Mes yeux soutiennent un réseau de regards purs

Nous passons la montagne et la mer difficiles
Les arbres fous s'opposent à ma main jurée
Les animaux errants m'offrent leur vie en miettes
Qu'importe mon image s'est multipliée
Qu'importe la nature et ses miroirs voilés
Qu'importe le ciel vide je ne suis pas seul.

1939.

RÈGNES

I

Tôt sur la terre un gentil rire
Jeune fille aux durs sabots
Éclaire-nous de ta peau

Le soleil nu de ton visage
Mouvement de roue et de ruche
Pèse doux dans' le jardin
De nos mains amoureuses.

II

La plus faible en ce bas monde
C'est la caprice la blonde.

III

Notre maison autour de ta beauté
Notre maison en or le jour

La nuit se vêt de velours noir
Toujours mêmes parfums de grand amour

Le feu dans de tendres caveaux
Y est taillé à mille faces
Riant d'un rire sans grimaces
Dénouant notre solitude

Ah que nous font les premiers les derniers
Tous nos pareils sont sur le même rang
Au large vivant de ce grand amour
Des fleurs et des graines de ta beauté.

IV

Ma foi en toi est si bien entourée
De terre et d'eau si bien couverte
De soleil frais et de nuit claire
Que je te vois rêver vivre et dormir
Avec tes yeux.

V

La douce chair recueillie aujourd'hui
Par grâce perd sa robe avant la nuit
Et la lumière en elle est perpétuée.

VI

La maison s'éleva comme un arbre fleurit
Sous les paumes du vent une aurore de briques
Tendit haut son filet de bouches réunies

Un mur gagnait un mur des chutes de lumière
Creusèrent leur chemin la sève circula
Le toit scella le ciel la fenêtre s'ouvrit.

VII

Construire il y a d'autres jeux
Sous l'herbe ardente cherche l'ombre
La terre encombre le jardin
Une mine de fleurs s'amasse.

VIII

Les fleurs les feuilles les épines
Redevinrent visibles
Les bourgeons et la rosée
Virent le jour

Sur le fleuve de mai
Une voile écarlate
Fit battre le pouls du vent

Sous couleur de vie et d'espace
Sous forme de légers nuages
Sans un frisson
Le sein de l'aube consentait.

IX

Jeune arbre idole mince et nue
Unique source caresse haute.

X

Sur un pré blanc des nuages blancs
Descendent corriger la terre
L'azur est à peine plus fort
Tous les regards vont s'éclaircir
Délivrer la nature blanche.

XI

Il fait une nuit de moineaux
Que le feu déchire et dévore.

II

(1939-1941)

Pourrai-je prendre où elle est
L'apparence qui me manque
Sur les rives d'un visage
Le jour la force éclatante

Le dur besoin de durer

MORALITÉ DU SOMMEIL

Cordes des distances cordes des lueurs
Cordes d'espérance jetées aux absents
La paresse des enfants
La fleur son éternité
La tempête sa puissance
Les conquêtes du beau temps
La femme son chemin partout
La femme flamme de nature
Tissant la trame du soleil
Et s'exaltant pour m'exalter

Entre les horizons volages
Qui font et défont sa beauté
La forêt couvre ses épaules
Sa chevelure silencieuse
D'un seul bruit d'ailes d'un seul chant
Moisson d'espace

Mais tout se noue en mon domaine
Pour mieux m'incliner m'humilier
La joie la clarté convulsées
Perdent leur éclat leur fraîcheur
Ma souffrance devient visible

Bagarre effrénée sur l'estrade
Visage de crin flambant noir

Odeur de suie plafond de poix
Ours démuselé panthère traquée
Crépuscule de la fureur
Les cages vides sont fermées
Une chèvre aride au ciel étoilé
Vieillit en calculant son âge
L'après-midi fut de brindilles
De façons d'être coutumières
Une étreinte de mains chétives
Dix doigts d'images vacillantes
Voilés de molles bagues blanches

Ainsi mon délire ainsi mon désastre
Ainsi mes forces écroulées
Un rire roulis
Que le jeu ramène sur la table douce
De tes seins légers
Nuit de neige nuit vague
Sur un pont tremblant le sommeil
Fripe la chemise du temps
La vie
Et la courbe de ta poitrine
La retient au bord d'un abîme

Les grilles sont tendues mes liens font leur travail
Tes boucles la douleur de couper la plus sombre
Je cisaillerai les ténèbres
De ma chambre qui rétrécit
Pourrai-je briser le sol qui m'entoure
Retrouver les détails la marche chaque pas
La source blême ou radieuse
La rivière la tête haute
Le pont léger
Un courant l'océan
La chair démesurée ouverte

L'écran éclaté du ciel
Le fruit le souffle la santé
D'un corps qui ne s'usera pas

Miroir la mare nuptiale
Cœur en commun de l'apparence
Mes paupières mon front écailles du désir
Portent encore mon innocence
La flore est sur la fleur
Je suis sur l'eau j'envahis l'eau
Je règle les rives désertes
J'aurai des nouvelles de toi
Si je pénètre le soleil

Je ne suis plus le miroir
Où pour la première fois
Sans ombre tu te parlas
Ravie d'avoir enfin un compagnon limpide
Tu crus qu'il te parlait il jeta un grand cri
Et tu t'éveillas en sursaut
Ton ombre reprenait le chemin de ton corps
Les portes se fermaient
La vitre tombait dans l'oubli
Le portrait s'effaçait sous tes gestes serrés
Et le soir distribuait les rôles
Un pain à celui-ci à tous les autres un pain
Pâture moindre mal

D'une tour attardée s'élève un feu mourant
D'une autre tour déjà passée
Glisse le dur éperon d'une seule caresse

Obéissance barrage
Aventures désolantes
Simulacres trésors gâchés

Sur l'autel des mirages
Dans des linges ternis par les pleurs inutiles
L'ennui triomphait des couleurs

La mort inscrite au flanc un vagabond naissait
La boue le four à chaux les trottoirs diminués
Les loques j'ai compris leur définition
Entre tous les vivants je n'en ai pas de proches

La paume creuse comme un volcan
Les yeux faits aux crachats des pitiés et des haines
Je ne joue qu'à mourir à nier et j'adhère
A l'argile aux cailloux pointus
Aux retraites de cendre au chaos d'os brisés
Du plus certain des abandons
A la mosaïque brouillée
De la dernière des vertus

Désordre dérisoire
J'ai déjoué les pièges
Les morts ne dorment pas
Ils ne reflètent rien
Et ni l'eau ni le vent ni le soleil ni l'aube
Ne peuvent les distraire

Je vois la ville de ton rêve
Que tu seras seule à peupler
Du tourbillon de ta beauté

Refus rupture.

EN DEÇA CLAIRVOYANT DÉÇU

LA FORME

Je peux faire quelques pas
Sans tomber je viens de loin
Je tiens ma vie en mes mains
Tristesse et faiblesse ensemble

Pourrai-je prendre où elle est
L'apparence qui me manque
Sur les rives d'un visage
Le jour la force éclatante

Le dur besoin de durer.

LE DROIT LE DEVOIR DE VIVRE

Il n'y aurait rien
Pas un insecte bourdonnant
Pas une feuille frissonnante

Pas un animal léchant ou hurlant
Rien de chaud rien de fleuri
Rien de givré de brillant rien d'odorant
Pas une ombre léchée par la fleur de l'été
Pas un arbre portant des fourrures de neige
Pas une joue fardée par un baiser joyeux
Pas une aile prudente ou hardie dans le vent
Pas un coin de chair fine pas un bras chantant
Rien de libre ni de gagner ni de gâcher
Ni de s'éparpiller ni de se réunir
Pour le bien pour le mal
Pas une nuit armée d'amour ou de repos
Pas une voix d'aplomb pas une bouche émue
Pas un sein dévoilé pas une main ouverte
Pas de misère et pas de satiété
Rien d'opaque rien de visible
Rien de lourd rien de léger
Rien de mortel rien d'éternel.

Il y aurait un homme
N'importe quel homme
Moi ou un autre
Sinon il n'y aurait rien.

LES REQUINS AU SOLEIL

Les requins au soleil dans la dernière eau pure
Le germe du blé noir qui fixe le soleil
La roue au pied du temple ambulant de midi
Et les pauvres qui sont des quinquets sur le mur.

BEAUX REFLETS

I

Ils ont la crasse la laideur la honte
Ils ont le froid la faim la soif la haine
Ils ont d'habit ce qu'il faut pour un mort
La liberté leur est le pire sort

Fardeau constant patience bavure
Pourrir en chœur ne leur est pas donné
Rien leur est rien et tout leur est souillure
Le fumier doit toujours être dernier

Ils font de l'ombre et l'ombre est salutaire
Aux bienheureux que la lumière aveugle
Et met en pleurs comme une source neuve
Toute pressée de retrouver la terre.

II

Ce vagabond à l'agonie
N'a jamais mâché que poussière
Et jamais relevé la tête
La vieillesse des routes chante
Et rassasie de mort les pauvres

Cette femme de lait de laine
Douce et la gorge bien au chaud

N'aime aucun homme enfant ou bête
Ses couleurs viennent d'elle-même
Elle est un paradis désert

Nulle viande n'échoit aux pauvres
S'ils sont en lumière ils sont seuls
Inutile de leur sourire
Inutile de les forcer
Je n'en obtiendrai pas d'amande
Ils ne voient rien leur cœur est vide

Ils cernent de néant ma vie.

L'ÉTOILE DISPARAIT

Le cercle de feu noyé
Sort comme un enfant tout frais
D'une caverne de craie
Comme un pétale arraché
D'une fleur du beau bouquet
Que déliait la forêt

Cendres polissez la pierre
Qui polit le doigt studieux
Jusqu'à l'os jusqu'à la tête
Qui n'a pas trop de ses yeux
Pour comprendre la couleur
D'une existence sans cœur.

L'ABANDONNÉ

Homme injuste au front noir homme aux petites lois
Découvert dénoncé haï par tes amours
Tu te lasses tu doutes des serments parfaits
Et pour te consoler tu consens à la mort.

JE SUIS LA BÊTE

Je vous le dis vous le crie vous le chante
Un rire court sous la neige mortelle
Un rire l'aube et la joie d'être au monde
Les fleurs ont les fruits pour miroir

J'ai mille amis sous la neige mortelle
J'ai mille amours dont le cœur palpitant
Gonfle l'été qui travaille la terre
Pour mieux régner en jour ouvert

Mille soleils mille fourrures
Mille caresses sous le froid
Plutôt que de mourir j'efface
Ce que j'ai mis de temps à vivre

Tous les remous d'un sang rebelle.

DRAPERIES NOIRES ET BLANCHES

VOIR

Témoin toujours surpris de la mort des couleurs
Debout les bras dressés le regard vertical
Et la bouche immobile ton silence évoque
Le mineur le dormeur la taupe au corps sans ombre.

POUR UN ENFANT NU

Les tapis les propos roulés dans leur poussière
La famille mariée en immense toilette
Les cavaliers du rire enfouis dans leur galop
Et l'enfant sans sommeil cassant comme une vitre.

DE L'HORLOGE A L'AURORE

Et l'horloge descend de son rêve insensible
Et le ruisseau s'acharne et le charbon retarde

Et la pervenche joint le jour au crépuscule
Et dans mes yeux fermés l'aurore a des racines.

LIMITE

Le corail imprévu de la fureur d'attendre
Les forêts sont en cage et la rosée est bue
Rancune j'oublierai j'aurai d'autres ivresses
Mais quelle vie les mains fermées sur une absence.

TANT DE LIVRES

à Paul Bonet.

Livres mes yeux pourtant distraits mes mains tremblantes
Ne vous dispersent pas les murs peuvent crouler
La tempête répandre l'eau le feu la cendre
Il n'y a entre vous nulle étoile d'espace

Plus d'hommes sur les glacis
De ce livre démesuré
Que de morts sous la terre

Plus d'hommes entre les lignes
De ce livre éternel
Que de journées entre les nuits

Plus d'hommes hors de durée
Que de vivants disparus
O livre raison féconde

Dans un livre fixant le point d'or de mémoire
Puis l'oubli dans des yeux qui ne savent pas lire.

LE GUERRIER ET LA COQUILLE

La coquille fusion des angles le poisson
Dans l'eau libre enfermé comme un cœur dans sa
 gangue
La poterie émue et fraîche l'écriture
Sont des baisers forgés pour calmer le guerrier.

TOUTE LA VIE

A l'origine de mes forces ma mémoire
De tout son poids brille sur l'herbe de l'enfance
Herbe déserte herbe d'azur sans un pas d'homme
Où les jours moins les jours n'ont pas laissé de nuit.

ROSACES

SOUS L'ANGLE D'OR

Lorsque nous nous regardons
Des nappes de neige étincellent
Sous le soleil qui se rapproche

Des fenêtres ouvrent leurs bras
Tout le long de la voie du bien
S'ouvrent des mains et des oiseaux
S'ouvrent les jours s'ouvrent les nuits
Et les étoiles de l'enfance
Aux quatre coins du ciel immense
Par grand besoin chantent menu

Lorsque nous nous regardons
La peur disparaît le poison
Se perd dans l'herbe fine fraîche

Les ronces dans les temples morts
Tirent de l'ombre enracinée
Leurs fruits ardents rouges et noirs
Le vin de la terre écumante
Noie les abeilles en plein vol

Et les paysans se souviennent
Des années les mieux enfournées

Lorsque nous nous regardons
La distance s'ouvre les veines
Le flot touche à toutes les plages

Les lions les biches les colombes
Tremblants d'air pur regardent naître
Leur semblable comme un printemps
Et l'abondante femme mère
Accorde vie à la luxure
Le monde change de couleur
Naissance contrarie absence

Lorsque nous nous regardons
Les murs brûlent de vie ancienne
Les murs brûlent de vie nouvelle

Dehors le lit de la nature
Est en innocence dressé
Crépusculaire le ciel baigne
Ta sanglotante et souriante
Figure de musicienne
Toujours plus nue esclave et reine
D'un feuillage perpétuel

Lorsque nous nous regardons
Toi la limpide moi l'obscur
Voir est partout souffle et désir

Créent le premier le dernier songe.

LE DERNIER SOUFFLE

Un oiseau meurt d'une flèche
A tes épaules décombres
Pend un reste de lumière
Années valent moins que jours
Et la vie moins que l'amour

Tu vaux encore un baiser
Rien que le temps d'éprouver
Ce qu'il me reste d'éveil
Tout est clair sous ce drap blanc
Qui te délivre et m'attend.

LA CONQUÊTE D'UN ÊTRE ENDORMI

I

Brûlée d'en haut brûlée d'en bas quelle couronne
Attiédira ton front dont la pâleur déborde
Quelle parole au corps sans ombre aux yeux de sourde
Assouplira ta bouche immobile et tendue

Sur l'herbe par plaisir sur les plus fines pousses
Entourées de leur peuple impalpable d'amants
Ah que nous sommes loin des pavés de la grappe
Ou de ce cœur pressé par un amour immense

Et qui pourra le mieux jouer la mort c'est l'herbe
La terre tour à tour refraîchie étouffée
Dévoilée et masquée lumière chair et terre
L'aube d'un fruit caresse un ciel ensommeillé.

II

Les heures défaites
Comme des nuages
Brûlés de soleil
Et les heures fraîches
Rames battant l'aube

Les vieilles images
Informes et lentes
De bruit de silence
De nuits de couleurs
De fruits verts mûris
De fruits mûrs mangés

Les neuves visions
D'horizons précis
De claires clairières
De trésors limpides
Dans mes doigts câlins
Dans mes paumes chaudes

Dans nos yeux cachés.

L'ABSENCE

Je te parle à travers les villes
Je te parle à travers les plaines

Ma bouche est sur ton oreiller

Les deux faces des murs font face
A ma voix qui te reconnaît

Je te parle d'éternité

O villes souvenirs de villes
Villes drapées dans nos désirs
Villes précoces et tardives
Villes fortes villes intimes
Dépouillées de tous leurs maçons
De leurs penseurs de leurs fantômes

Campagne règle d'émeraude
Vive vivante survivante
Le blé du ciel sur notre terre
Nourrit ma voix je rêve et pleure
Je ris et rêve entre les flammes
Entre les grappes du soleil

Et sur mon corps ton corps étend
La nappe de son miroir clair.

SURGIS

Surgis fille d'une seule eau
Comme une jeune fille seule
Au milieu de ses robes nues
Comme une jeune fille nue
Au milieu des mains qui la prient
Je te salue

Je brûle d'une flamme nue
Je brûle de ce qu'elle éclaire
Surgis ma jeune revenante
Dans tes bras une île inconnue
Prendra la forme de ton corps
Ma souriante

Une île et la mer diminue
L'espace n'aurait qu'un frisson
Pour nous deux un seul horizon
Crois-moi surgis cerne ma vue
Donne la vie à tous nos rêves
Ouvre les yeux.

SE CONFONDRAIENT

Je t'aide à enjamber les haies
A ne pas suivre les sentiers
A ne rien céder de nos rêves

Nous oublions le sable mou
La mer épaisse le ciel bas
Les heures lourdes de patience
Et ces distances dans le noir
Qui sont un défi à ton front

Notre soleil nous a livré
Sa chaude chair de liberté
Nous embrassons la bouche bleue
L'odeur le souffle la clarté
Du champ le plus mystérieux

Et dans ta bouche nos paroles
Comme l'air pur dans ta poitrine
Fondent les cloches du plaisir.

L'ALLIANCE

Définitivement ils sont deux petits arbres
Seuls dans un champ léger
Ils ne se sépareront plus jamais.

LES RAISONS DE RÊVER

MES HEURES

Je fus homme je fus rocher
Je fus rocher dans l'homme homme dans le rocher
Je fus oiseau dans l'air espace dans l'oiseau
Je fus fleur dans le froid fleuve dans le soleil
Escarboucle dans la rosée

Fraternellement seul fraternellement libre.

I

Tout au long des branches
Mes feuilles renaissent
Mon chemin est couronné
De bien-être ensoleillé.

II

Pauvre chaleur grande lumière
Regard s'éclairant du dehors

Petite terre feu sublime
Qui nourrit la vue au lointain.

III

Sur l'herbe j'oublie ma terre
Ma voix a changé d'espoir
Fleurs et bêtes tremblent dans l'air
Où retentit le premier chant.

IV

Le froid le ciel diluent le vent
Le soleil blanc me fait sourire
Comme un filet d'eau
Fait sourire un pré.

V

Ma fenêtre aux belles plumes
Allume la porte sèche
Et je verse l'innocence
Sur la tête de mon chien.

VI

Retraite brouillée
De l'herbe charnue

Du ciel clair reflux
De la sève des routes.

VII

Que je vive pour que l'arbre
Ne perde pas ses feuilles
Pour que le cœur de l'eau batte
Pour que le jour revienne.

VIII

L'astre ou l'aube voir ou toucher
Les visages qui se marient
Suivre d'un trait illuminé
Le cours d'un masque variable.

IX

Un pilier entre douze
S'est abattu splendeur
D'un habit porté
Une seule fois.

X

Je n'ai pas de mémoire
Et je suis maladroit

Autour du lit fatal
Chaque objet est nouveau.

XI

Amertume écume morte
L'ombre comble le fossé
Glacé qui coupe le monde
Je défends la part gagnée.

XII

Je t'enferme chaque soir
Flamme naine souveraine
De l'humide maison noire

Tu me rends à mon espace
A la forme de mon corps.

LES EXCELLENTS MOMENTS

à Francis Poulenc.

De velours et d'orange la maison sensée
D'argent détruit de cuir de planches
La maison accueillante

Quatre murs pleins de grâce et gravés à l'aiguille
Ouvrant leurs yeux visionnaires
Sous le front du plafond

Plantes et fleurs toutes à l'heure et gorgées d'air
De sève et de graines ardentes
La seule route de la force
Passe par notre repos

Sous la mousse du ciel notre toit nous accorde
Des mots légers des rires d'ambre
Et le chant d'un grand feu rêveur
Mûrit entre nos paupières.

MARINES

à Alberto Giacometti.

I

Je me suis pris à caresser
La mer qui hume les orages.

II

Ma bouche au ras des flots buveuse de paroles
Prenant l'or au soleil sur un chemin d'or chaud

Comme foule pressée entraînée exaltée
Les vagues les étés dans cet arbre ajouré
Dans cet arbre accessible aux couleurs et aux hommes
Leur azur leur ciel pur le mélange des eaux
Leur dentelle et la flamme du matin désert
Deux vallées trois sommets s'unissent font la chaîne
L'océan qui me mène a le destin du ciel
Et la vague initiale amenuise un nuage.

III

Miroir ouvert sur ces oiseaux uniques
Qui tremblent d'aise à chaque goutte d'eau.

IV

L'herbe grande d'océan
Sur les sables assoupis

La fleur de fille marine
Les astres vierges en fête

Midi blanc dans les fonds noirs
Et dans le filet l'hiver

L'injure jetée au vent
A la vague du tombeau.

V

Tout au plus un navire
Tout au plus un navire à demi englouti

Comme un poignard dans sa blessure
Connaît encore l'ombre

Tout au plus un radeau
La mort simple
Et la mer est plus vide qu'un ivrogne pauvre.

VI

Dernière vague ivresse de vieillard
Les solubles coteaux et la lune risible
N'ont trouvé dans mon cœur qu'un espace restreint
Et la mer dans le ciel n'est qu'une goutte d'eau.

VII

C'est la pierre pâle au front des plus forts
Sous la terre humide et les feuilles mortes

Tous feux éteints dans les régions de l'ignorance

Sous les ongles de la rouille

Nous ne savons rien de la terre
L'homme n'a pas besoin de nous
Son ciel n'est plus le nôtre

Tout nous paraît immobile
L'œil et le cœur de nos semblables
La lumière et ses géants
La profondeur et ses nains
La mort sans corps capitale

Le scandale de la tempête

Sauvés que notre poids s'élève
Comme la source à son premier éclair
Que notre forme soit sereine

La nuit se baigne dans les puits

Le risque de mourir s'annule
Comme deux dés chiffrés zéro
Une mousse de bluets
A blanchi jusqu'à la corde
La grand'voile de couleur.

BELLE ÉPOUSE

Belle épouse de mémoire
Elle sortit de son lit
Comme on entre dans l'histoire.

BLASON DES FLEURS ET DES FRUITS

à Jean Paulhan.

A mi-chemin du fruit tendu
Que l'aube entoure de chair jeune
Abandonnée
De lumière indéfinie
La fleur ouvre ses portes d'or

Pomme pleine de frondaisons
Perle morte au temps du désir

Rose pareille au parricide
Descend de la toile du fond
Et tout en flammes s'évapore

Groseille de mendicité
Dahlia moulin foyer du vent
Quetsche taillée dans une valse
Tulipe meurtrie par la lune

Alise veuve de caresses
Colchique veilleuse nacrée
Nèfle castor douce paupière
Pensée immense aux yeux du paon

Marguerite l'écho faiblit
Un sourire accueillant s'effeuille

Noué rouillé comme un falot
Et cahotant comme un éclair
Le coing réserve sa saveur

Goyave clou de la paresse
Muguet l'orgueil du maître pauvre
Prunelle épiant le front du lynx
Tubéreuse agneau des sentiers

Poire le fer de la folie
Anémone carnier d'hiver
Citron porteur de plâtre et d'encre
Narcisse porteur de nuées

Dans le filet des violettes
La fraise adore le soleil

Raisin grenier des politesses
Tour nue et froide jeu hautain

Glycine robe de fumée
Œillet complice de la rue
Châtaigne une foule pillarde
Brise l'émail des sans remords

Digitale cristal soyeux
Lilas lèvres multipliées
Amarante hache repue
Brugnon exilé jusqu'aux ongles

Myrtille cigale invisible
Clochette de poussière intime

Mûre fuyant entre les ronces
Aster tout saupoudré de guêpes

Orange sur un tableau noir
Muraille de l'enfer du blé

Souci la route est achevée
Cytise les joncs se délassent
Jacinthe la rainette rêve
Nigelle le portail s'abat

Chrysanthème cheval brutal
Sauge bague de mousseline
Figue corail d'un faux tombeau
Pêche colonne de rosée

Pavot traîné par des infirmes
Reflet de fête sans repos

Noisette aux ciseaux enfantins
Détachant le gourmand de l'arbre

Iris aux mains de la marée
Passiflore livrée aux hommes
Clématite jeunesse comble
Chèvrefeuille biche au galop

Zinnia bouclier de douleurs
Manteau de plaies manteau d'erreurs

Ananas prêchant l'avalanche
Bruyère mangeant le renard
Qui refuse une proie facile
Et pour le loup souffle dans l'herbe

A menacer le ciel le lis
Use le tain de son miroir

Le sein courbé vers un baiser
Le jasmin se gonfle de lait

Capucine rideau de sable
Bergamotte berceau de miel
Renoncule théâtre blanc
Pamplemousse l'œil de la cible

Banane le parc à refrains
Résonne de chansons nouvelles

Verveine chevalet fragile
Grenade rocher d'allégresse
Ancolie vierge inanimée
Olive paume de faïence

Cassis inscrit au cœur des jungles
Bouchant de son sang noir leurs veines

Seringa masque de l'aveugle
Écorce de la nuit d'été

Églantine vin du matin
Sapotille ordonnée ardente
Primevère ivresse d'argile
Mandarine métal d'injures

Datura roi honteux d'avoir
Régné sans dire son secret

Argémone ombre déliée
Abricot gerbe de fortune
Orchidée chaîne de désastres
Amande golfe de tendresse

Lavande bonnet du berger
Tempes fines et boucles blondes

Giroflée boussole endormie
Cerise cuve de candeurs

Sur une bouche négligente
Bien passé l'âge de raison
Le phlox sera un gros village
Le trèfle une poule pondeuse
Le pourpier une empreinte obscure
L'aubépine écluse une fugue

La mangue sera une alliance
La datte une pierre soumise
La mirabelle une alouette
Et la framboise une bouée

Pour le destin de l'immortelle
La fleur faite comme une morte
La piètre fleur de perfection

★

Fleurs à l'haleine colorée
Fruits sans détours câlins et purs
Fleurs récitantes passionnées
Fruits confidents de la chaleur
J'ai beau vous unir vous mêler
Aux choses que je sais par cœur
Je vous perds le temps est passé
De penser en dehors des murs.

BLASON DES ARBRES

à Yvonne Zervos.

Bouche folle ou sage
Il te faut parler
Bouche ouverte ou close
Il te faut rêver
Plus haut que ton souffle

Paroles paroles pendues
Aux plumes vérités des nids

Entre les branches dessinées
Du mur sans fin de la forêt
Les étoiles des œufs s'amassent

C'est le bouleau la coquille
Et les roues fusées en ailes

De douces devenant subtiles
Les bouches tremblent de savoir
Légère brise sur les îles

Et mille plages c'est l'aune
Ou le tremble sans rupture
La caresse s'éternise
Dans ce globe de verdure
Piétiné par les oiseaux

Il a plu sur les acacias
Poitrines que la fraîcheur mêle
Seins libérés des jours des heures
Tempes marquant un pas fidèle
Grand'route éprouvant son pouvoir

Une autre nuit que notre nuit
La chaleur aveuglante et crue
Sûre de retrouver sa force
Entre les doigts entre les bras
Entre les membres du platane

C'est le cyprès sur les tombeaux
Et pour tout dire il faut mentir
Les mots les morts découronnés
Plongent leur ombre dans son ombre
Sans sortir d'un sommeil de pierre

Vite comblez-moi cette ornière
Car une autre ornière vous guette
Le plus bel astre perd racine
La nuit vous moulera la tête
L'if en flammes n'allume rien

Le sapin aux lèvres dures
Le pin qui sait bien se taire
Le noyer à son ouvrage
Le tilleul à son parfum
Comme un sourd à son silence

L'arbre en cercle des voyages
L'arbre des sentiers communs
L'arbre d'émail roux et blanc
L'arbre aux lianes bouillonnantes
L'arbre des maisons en ruines

Le hêtre aux paniers troués
Le frêne aux épaules calmes
L'orme redoutable aux hommes
Le prisme du peuplier
Et le saule au bout d'un fil

L'orage honnête s'épuise
A contredire l'espace
Qu'ils se chargent de combler
L'aune envoûte la rivière
Le charme adoucit le chêne

Le chêne adoucit l'amour
Ses os orientent ses veines
Le miel dort dans sa fourrure
Et la houle de la mousse
Recouvre ses vieilles graines

L'océan tout est préservé
C'est la cloche le chêne sonne

Le vent fait battre son cœur
Chaque vague chaque feuille
Change voit clair et rayonne

Les ailes ont quitté le corps
De la forêt l'arbre s'envole

Il règne de la terre au ciel
Il s'éclaircit il prend des forces
Il chante et peuple le désert

Un plus tendre bois
Un miroir plus vert
Une seule voix
Reflètent l'azur
Sous toutes ses faces.

LES JEUX DE LA POUPÉE

à Hans Bellmer.

I

Restreinte, puisque tout ce que l'on peut dire d'elle la borne, la limite. Dans le plus petit espace de la vue la plus étroite, on cherche en calculant, en ergotant, la place de son cœur, on évalue la foi en l'enfance.

II

Dans l'armoire aux enfants, il y a des lumières enchantées, un pistolet chargé qui inspire la terreur, une fontaine transparente, un bassin de pierre dont le trop-plein s'épand sur un lit d'opales, un chasseur sans souliers, une fille sans cheveux, un bateau sur la mer et le marinier chante, un cheval damassé, un théâtre ambulant, un grillon, des plumes blanches tombées du nid des tourterelles, de petits paniers creusés en cœur et pleins de crème rose, une guitare qui fait des étincelles et une robe qui restera toujours neuve.

III

On ne l'entend jamais parler de son pays, de ses parents. Elle craint une réponse du néant, le baiser d'une bouche muette.
Agile et délivrée, légère mère enfant, elle jette à bas le manteau des murs et peint le jour à ses couleurs. Elle effraye les bêtes et les enfants. Elle rend les joues plus pâles et l'herbe plus cruellement verte.

IV

Où les oiseaux ne chantent pas, de quoi ne sommes-nous pas sevrés? Où les blés ne poussent pas, que pouvons-nous espérer? Ce monde, sans amour, veuf du soleil, que nous est-il?
Il avait fait très froid et l'on avait très faim. La peur était en nous, dans la maison, dehors, éteignant tout. La mort, dernier sursaut de l'imagination. Un serpent passa sous la maison qui s'effondra.

V

Gonflant ses joues, gourmande, avalant une fleur, odorante peau intérieure. Bouche forcément rose, même au fronton de la forêt toute noire.

VI

La nuit rayonne à sa manière, des yeux au cœur.
La nuit annule le sensible, le seul espace pur.

VII

Le scarabée épais gagne midi. Des flammes rondes et dures autour d'un jour de fange, ainsi que les métiers abandonnés autour de la misère.
L'homme, aux aguets, oublie le jour, baisse le front et perd. Ombre entre les rideaux tirés, la terre accable les collines, comble les vallées, joint les ponts.

VIII

Certaines injures la déshabillaient, la rendaient pitoyable — ou désirable.

IX

Dans la maison aux planches disjointes, au toit crevassé, dans l'escalier aux marches tapissées de vieux souliers, elle est épaisse, opaque et rude. En un mot, elle est seule. Seule dans son cadre boueux et froid, seule et sans ses yeux, implacablement seule. C'est ailleurs que l'air pur tombe à plomb sur les apparences de la vie en commun.

X

Sang et poussière, un dé de lait, un dé d'eau pure, dix aiguilles à main, oxydées, dans les mailles de l'oreiller. Un dé de paille dans la grange, un dé de gomme dans le puits, un dé de rien ici. L'intérieur des draps pour miroir. Un dé de tigres aux ongles et de lourdes fleurs d'encre aux lèvres, un rien de terre.

XI

L'hiver, à cinq heures du matin, elle se levait et, à peine vêtue, allait ramasser du bois mort. Elle aurait pu mourir de la pitié qu'elle éprouvait pour elle-même.

XII

Doublée de satin blanc, pesant sur l'ombre, petite tête au reflet d'or, doublée de peur, petite tête sur son museau, soumise aux règles des grands vents, dans le lait des jours intérieurs, étoile sur un œuf éclos, oubliant tout, petite voix, grande clameur, elle démêle le fil de son vol et rien ne peut la retenir.

XIII

C'est une fille! — Où sont ses yeux? — C'est une fille! — Où sont ses seins? — C'est une fille! — Que dit-elle? — C'est une fille! — A quoi joue-t-elle? — C'est une fille, c'est mon désir!

XIV

L'espace ouvert contient des seins, une tête sur un cou suave, et le germe de la lumière au fond de deux yeux sans secrets.

FORCE ET FAIBLESSE

SI TU AIMES

Si tu aimes l'intense nue
Infuse à toutes les images
Son sang d'été
Donne aux rires ses lèvres d'or
Aux larmes ses yeux sans limites
Aux grands élans son poids fuyant

Pour ce que tu veux rapprocher
Allume l'aube dans la source
Tes mains lieuses
Peuvent unir lumière et cendre
Mer et montagne plaine et branches
Mâle et femelle neige et fièvre

Et le nuage le plus vague
La parole la plus banale
L'objet perdu
Force-les à battre des ailes
Rends-les semblables à ton cœur
Fais-leur servir la vie entière.

PASSAGES

I

Du jour nouveau les oiseaux grands ouverts
La vertu à peine plus claire qu'hier
La vertu d'air pur que mon bonheur incarne
Le bonjour plus distinct poussent la porte
La vue est patrie parfaite
Où je reçois l'arbre et l'herbe
Le soleil en terre légère
Fidèle ami des jours de printemps et d'amour
Des jours d'été d'automne de repos d'hiver
Toujours le meilleur de soi-même

II

Forêt chargée de sommets et d'espace
Mer tour à tour crispée et délassante
Homme doué de têtes innombrables
Je ne vous vois pas
Mais par le court chemin de mes ténèbres
Je suis à vous avant d'être à moi-même.

BOIRE

Ce verre plein d'un vin éclatant n'a pas pour argument la pudeur mais l'ivresse tranchante.

Il est comme un glacier rajeuni par les lents troupeaux du soleil.
Comme un œil sûr de sa flamme,
Comme une mousseline couvrant les seins en rut d'une jeune fille.

DIMANCHE APRÈS-MIDI

S'enlaçaient les domaines voûtés d'une aurore grise dans un pays gris, sans passions, timide,
S'enlaçaient les cieux implacables, les mers interdites, les terres stériles,
S'enlaçaient les galops inlassables de chevaux maigres, les rues où les voitures ne passaient plus, les chiens et les chats mourants,
S'auréolaient de pâleur charmante les femmes, les enfants et les malades aux sens limpides,
S'auréolaient les apparences, les jours sans fin, jours sans lumière, les nuits absurdes,
S'auréolait l'espoir d'une neige définitive, marquant au front la haine,
S'épaississaient les astres, s'amincissaient les lèvres, s'élargissaient les fronts comme des tables inutiles,
Se courbaient les sommets accessibles, s'adoucissaient les plus fades tourments, se plaisait la nature à ne jouer qu'un rôle,
Se répondaient les muets, s'écoutaient les sourds, se regardaient les aveugles
Dans ces domaines confondus où même les larmes n'avaient plus que des miroirs boueux, dans ce pays éternel qui mêlait les pays futurs, dans ce pays où le soleil allait secouer ses cendres.

CHANT DE SAISON

à Marie Laure.

Aux plateaux cernés de nuages
Comme aux derniers sentiers du jour
Les apparences se dispersent
Mains de peines et mains de joies
Sous l'ancien ciel ce faux bijou
Se ferment pour se réchauffer

Glaciers et brumes redoutables
Miroirs brouillés de l'inhumain
Les yeux qui furent l'équilibre
Regardent à travers leurs larmes
Le soleil vêtu de haillons
Comme un oiseau dans des chardons

Sur la colline épaisse et molle
Une arme glisse entre les arbres
Les séparant les isolant
Une arme verte une arme froide
Une chute de cruauté
Entre les arbres au cœur d'or

Hier la pluie demain la pluie
Neige à moitié pour aujourd'hui
On en aura des doigts sans ongles
Et des paysages sans arbres
Où sont les hommes de l'orage
Les éclairs les épis des femmes

Ruines de l'appareil géant
D'une vie passée à rêver
La nuit prend corps devient visible
Communicable naturelle

Sur la terre désenchantée
Plus rien à vaincre que le temps.

FORCE ET FAIBLESSE

I

Je n'avais d'yeux et de courage
Que pour le malheur et je m'acharnais
A souffrir bel et bon enfer.

II

Tout est au grand secret jours inégaux visages
Mon passé dans le noir luit d'un plus grand éclat.

III

Plus rien ne me tient aux pieds
Ni le sol ni le soleil
Et c'est un léger martyre
Une vague liberté.

IV

Nuage premier pas de mon élévation
Nuage sur la terre on ne me cherche plus

La forêt à tête de chien
Chasse le jour et mord la plaine
Les feuilles vives sont à l'aube
Ce que l'ombre est à la fraîcheur.

V

Une écluse sans brouillard
Une vigne sans détails
Un sillon mouvant plus large
Que la soif qui me ravage.

VI

Il est midi il est minuit
Voici que les gouttes de pluie
Deviennent des oiseaux
Divisés comme l'oiseau-pie
Transparents comme l'oiseau-temps.

VII

Fenêtre illusoire à ma taille
Comme l'île qui manque en mer

Le soir les mailles du sommeil
Le jour la loi la plus cruelle

Être présent étant absent.

ÊTRE RÉEL

Être réel étant mort
Sinon vivre toujours.

SUR LES PENTES INFÉRIEURES

AUSSI BAS QUE LE SILENCE

Aussi bas que le silence
D'un mort planté dans la terre
Rien que ténèbres en tête

Aussi monotone et sourd
Que l'automne dans la mare
Couverte de honte mate

Le poison veuf de sa fleur
Et de ses bêtes dorées
Crache sa nuit sur les hommes.

PREMIÈRE MARCHE
LA VOIX D'UN AUTRE

Riant du ciel et des planètes
La bouche imbibée de confiance

Les sages
Veulent des fils
Et des fils de leurs fils
Jusqu'à périr d'usure

Le temps ne pèse que les fous
L'abîme est seul à verdoyer
Et les sages sont ridicules.

LE ROLE DES FEMMES

En chantant les servantes s'élancent
Pour rafraîchir la place où l'on tuait
Petites filles en poudre vite agenouillées
Leurs mains aux soupiraux de la fraîcheur
Sont bleues comme une expérience
Un grand matin joyeux

Faites face à leurs mains les morts
Faites face à leurs yeux liquides
C'est la toilette des éphémères
La dernière toilette de la vie
Les pierres descendent disparaissent
Dans l'eau vaste essentielle

La dernière toilette des heures
A peine un souvenir ému
Aux puits taris de la vertu
Aux longues absences encombrantes
Et l'on s'abandonne à la chair très tendre
Aux prestiges de la faiblesse.

PATIENCE

Toi ma patiente ma patience ma parente
Gorge haut suspendue orgue de la nuit lente
Révérence cachant tous les ciels dans sa grâce
Prépare à la vengeance un lit d'où je naîtrai.

UN FEU SANS TACHE

La menace sous le ciel rouge
Venait d'en bas des mâchoires
Des écailles des anneaux
D'une chaîne glissante et lourde

La vie était distribuée
Largement pour que la mort
Prît au sérieux le tribut
Qu'on lui payait sans compter

La mort était le dieu d'amour
Et les vainqueurs dans un baiser
S'évanouissaient sur leurs victimes
La pourriture avait du cœur

Et pourtant sous le ciel rouge
Sous les appétits de sang
Sous la famine lugubre
La caverne se ferma

La terre utile effaça
Les tombes creusées d'avance
Les enfants n'eurent plus peur
Des profondeurs maternelles

Et la bêtise et la démence
Et la bassesse firent place
A des hommes frères des hommes
Ne luttant plus contre la vie

A des hommes indestructibles.

BIENTOT

De tous les printemps du monde
Celui-ci est le plus laid
Entre toutes mes façons d'être
La confiante est la meilleure

L'herbe soulève la neige
Comme la pierre d'un tombeau
Moi je dors dans la tempête
Et je m'éveille les yeux clairs

Le lent le petit temps s'achève
Où toute rue devait passer
Par mes plus intimes retraites
Pour que je rencontre quelqu'un

Je n'entends pas parler les monstres
Je les connais ils ont tout dit

Je ne vois que les beaux visages
Les bons visages sûrs d'eux-mêmes

Sûrs de ruiner bientôt leurs maîtres.

LA HALTE DES HEURES

Immenses mots dits doucement
Grand soleil les volets fermés
Un grand navire au fil de l'eau
Ses voiles partageant le vent

Bouche bien faite pour cacher
Une autre bouche et le serment
De ne rien dire qu'à deux voix
Du secret qui raye la nuit

Le seul rêve des innocents
Un seul murmure un seul matin
Et les saisons à l'unisson
Colorant de neige et de feu

Une foule enfin réunie.

Le lit la table

NOTRE ANNÉE

J'aimerai ta maison
Chacune de ses pierres
Aime amour ma maison
Car j'aimerai la tienne

Nous sommes dans notre maison
Et nous sommes dans notre chambre
La maison est dans notre chambre
La maison est dans la forêt
Et nous marchons dans la forêt
Et je m'appuie sur ton épaule

Le jour entre deux arbres
Est le plus beau des arbres
Entre mains rayonnantes
La plus franche des mains

Nous n'avons qu'une bouche
A fleur de notre amour
Pour vivre pour mourir
Pour chanter et renaître
Dans le plus vieux brasier

Janvier un premier baiser
Janvier tous les mois sont beaux

Mai boucle une barque molle
Le duvet d'une veilleuse

La réponse vient de près
Les ailes retrouvent l'arbre
Et les feuilles le nuage
Chaque fleur a son soleil
Chaque visage est en fleur

Silence vertu d'automne
Silence le chant s'oublie
Et les cloches de la neige
Sonnent Décembre secret
Tu me donnes du courage
Avec toi l'année est belle
Ma bouche des quatre souffles
Fortune des éléments

Nous garderons pour cette année
La résistance de l'enfance
La nudité de la verdure
La nudité de tes yeux clairs
Et sous tes lèvres entr'ouvertes tes seins clairs
Montre tes seins ma révélée
Impose aux autres ton bonheur
Ces deux minutes d'eau claire
Retenues sur la pente et creusant leur éclat

Dans l'ombre je remue à peine
Assez pour dessiner le ciel
Assez pour recueillir les oiseaux du plaisir
Les oiseaux la caresse au joli ventre doux
Les oiseaux la caresse aiguë comme un serpent

Douce et dure bien-aimée
Comme un roc couvert de mousse

Comme un roc et comme un coq
Une mine de lumière
Un coq comme un incendie
Ni d'hier ni d'aujourd'hui
Un mouvement de couleurs
La lumière foudroyante

Désordre du temps passé
Moi pour dissiper la nuit
J'ai risqué tout mon sommeil
Contre un grand rêve et l'éveil
D'entre les vivants d'hier
D'entre les morts de demain.

LES SENS

Rien sinon cette clarté
La clarté de ce matin
Qui te mènera sur terre

La clarté de ce matin
Une aiguille dans du satin
Une graine dans le noir
Œil ouvert sur un trésor

Sous les feuilles dans tes paumes
Le jeu grisant des aumônes
Chaudes
Le grand risque des refus
Blêmes

Sur les routes du hasard
Le mur dur perdra ses pierres

La clarté de ce matin
Dévêtus de tous mes regards tes seins
Tous les parfums d'un bouquet
De la violette au jasmin
En passant par le soleil
En passant par la pensée

Le bruit de la mer le bruit des galets
La mousse et l'odeur de la fleur du bois
Le miel l'odeur du pain chaud
Duvet des oiseaux nouveaux

La clarté de ce matin
La flamme qui t'enfanta
Qui naît bleue et meurt en herbe
Premier regard premier sang

Dans un champ de chair touchante
Les premiers mots du bonheur
Rafraîchissent leur ferveur
Sous des voiles de rosée

Et le ciel est sur tes lèvres.

A CELLE QUI RÉPÈTE CE QUE JE DIS

I

Animée d'un seul baiser

De dérisoire qu'elle était
Elle devint femme en tous points
Et femme elle prit les couleurs
D'un monde changeant et fin
D'un monde tiède et battant doux

Inconstante conjuguée
Captive infidèle et folle
Animée d'un seul baiser
Le reproduisant partout
Sous les yeux les plus profonds
Le sourire d'un baiser

Et l'amour avec la pluie
Avec beaucoup de beau temps
Et l'amour avec la nuit
Avec les plus fiers présents
Et les plus lointains absents

Nul ne lui donnait raison
Elle vivait sur la foi
D'une jeunesse éternelle.

II

J'avais mon paysage et je m'y suis perdue
Mon miroir tout amour où les collines d'eau
Poussaient avec du vent la neige vers les cimes

Les enfants réfugiés dans l'ivresse du jeu
Les yeux ensoleillés luttaient contre le soir
Et leurs cris et leurs courses défendaient l'espace

Je suivais mes désirs mes désirs me suivaient
Les flammes de l'enfance immenses tournoyaient
Éclairant dévorant un monde sans rupture

Et même dans la nuit chaque mot chaque geste
Rétablissait les jours nés d'une aurore unique
Ma jeunesse à jamais inconsciente du mal.

III

Ferme les yeux pour recueillir
Le soleil bleu qui fuit dans l'herbe
Le soleil blond qui creuse l'ombre
Le soleil vert la santé de la terre
Diaphanes l'eau l'air et le feu
Que tu ne peux garder pour toi

Le soleil rouge
Donne des fêtes dans la nuit
La nuit tu dors comme une femme
Blottie entre les bras d'un homme.

IV

Un nuage de paresse
Une moisson de caresses
Midi ouvert comme un œil
Aux délices de la terre
De la chaleur idéale
Et d'une femme de lait
De lait de lilas de lune
Tiède de lait fraîche de lune
La langue sucrée de lilas.

V

Les lèvres quittées
La parole allait
A l'aventure

Les lèvres quittées
Les baisers allaient
A d'autres lèvres

Les lèvres quittées
Le souffle n'allait
Que jusqu'à terre.

VI

Chimère et la robe brouillard
Vacille et la douce égarée

Ne revient pas a-t-elle honte
Un nouveau chemin se confond
Avec la foule grande nuit
Dans les verdures recréées

Jeune elle est plus qu'une vallée
Seule elle est plus qu'une pensée
Passant par la fraîcheur du corps
Féminine par tant d'étoiles
Que sur les rives de sa glace
Elle aborde la délivrée

Resplendissante juste à temps.

VII

Je fête l'essentiel je fête ta présence
Rien n'est passé la vie a des feuilles nouvelles
Les plus jeunes ruisseaux sortent dans l'herbe fraîche

Et comme nous aimons la chaleur il fait chaud
Les fruits abusent du soleil les couleurs brûlent
Puis l'automne courtise ardemment l'hiver vierge

L'homme ne mûrit pas il vieillit ses enfants
Ont le temps de vieillir avant qu'il ne soit mort
Et les enfants de ses enfants il les fait rire

Toi première et dernière tu n'as pas vieilli
Et pour illuminer mon amour et ma vie
Tu conserves ton cœur de belle femme nue.

AVEC MOI

L'enfant leva son fouet
Le père son chapeau
Au nom du bien
Rien de la mère que laideur
Rien de la mère que le mal

Au nom du bien
L'enfant dit une injure
Et rougit et cracha
Sur la vieille gâtée
Ajourée et frivole

Puis déchira la campagne
Multiplia les chemins
S'échappa de la cohue
Enfanta un autre enfant
Au nom du bien

Cuisse livrée délivrée
Par le bonheur de la course
Par la jeunesse au pain sec
Par la plus pure des mains
Au nom du bien.

AVEC TOI

Je tiens la rue comme un verre
Plein de lumière enchantée
Plein de paroles légères
Et de rires sans raison
Le plus beau fruit de la terre

Les promeneurs sont de paille
Les oiseaux d'absence bleue
Une fille étroite et pâle
Toujours aussi soucieuse
Ne manque pas d'apparaître

Petite fille ancienne
Elle justifie mes rêves
Elle cède à mes désirs
Et veille reflet d'enfance
Sur le flot d'or de la rue.

SANS TOI

Le soleil des champs croupit
Le soleil des bois s'endort
Le ciel vivant disparaît
Et le soir pèse partout

Les oiseaux n'ont qu'une route
Toute d'immobilité
Entre quelques branches nues
Où vers la fin de la nuit
Viendra la nuit de la fin
L'inhumaine nuit des nuits

Le froid sera froid en terre
Dans la vigne d'en dessous
Une nuit sans insomnie
Sans un souvenir du jour
Une merveille ennemie
Prête à tout et prête à tous
La mort ni simple ni double

Vers la fin de cette nuit
Car nul espoir n'est permis
Car je ne risque plus rien.

FRESQUE

I

J'étais celui qui se promène
Le nez en l'air
Avec son chien le nez par terre
J'étais aussi celui qui cueille des violettes
Et qui se fait des baguettes
Pour faucher les hautes herbes
Je jouais je criais
Je m'attaquais aux fillettes
Mes mains petites et légères
Ne connaissaient que leur mystère

La mort n'avait jamais
Tranché de rien je l'ignorais
Elle ne passait pas encore par mes oreilles
La vie était parfaite.

II

La plus humble fleur de Janvier
Est à l'éloge de l'hiver

Un sang noir brille sur la face
D'un homme mort d'avoir eu froid

Les belles roses de Juillet
Parfumaient le sein de sa mère

Dont la mort compte les années.

III

Dans la tremblante intelligence de la bête dressée
Le bruit d'une trompette comme une baguette
Le bruit de la plus large pièce du trésor
Et le bruit du soleil toujours pour le lendemain
Le bruit entier et seul
Comme un enfant glorieux jeté aux lions
Un enfant nu au ventre pur et purifiant
Jeté aux mâchoires des nuages
A la gueule céleste des lions
Dans la tremblante intelligence de la bête dressée

Dans la tremblante intelligence de son maître
Vacille le silence
Et ce filon d'étoiles tout au fond des branches
Quelque part à vingt ans le gouffre du printemps
Sur le sein de la vierge les armes des vingt ans
La grêle fugitive sur un rire rose et blanc
Et la nuit impérieuse après un grand soir sage
Jeunesse le sang cueille les lilas de l'orage
Comme un crapaud la flamme de la mare
Dans la tremblante intelligence du bon maître

Est-ce pour toi pour moi que je pense l'amour
Mon semblable tes yeux sont sources de lumière

Tu t'ajoures tu t'ensoleilles
Ta tête a la forme d'un cœur
Tu viens de loin vers moi car je suis la contrée
Où tu feras régner ta fraîcheur ta chaleur
La contrée où la bête nous fera confiance
Pour l'amour de la vie
Pour la plus juste vue du monde
Sur cette terre libre où nous nous comprenons.

IV

Le buisson où la bête est vraie
La bataille où la bête est fausse

La campagne où la terre est belle
La caverne où la terre est laide

Le pays où le bonheur gagne
Le désert où la mort s'impose

La nuit où l'homme se soumet
La nuit où l'homme se libère

La nuit où l'homme fait le jour.

V

Il partit d'un bel été
Pour fêter les branches mortes
D'une forêt noire et blanche
Pareille à la nuit détruite

Il partit fort et vaillant
Pour se poser sur la plage
D'une main qui se repose
D'avoir trop bien travaillé

Il partit de son enfance
Du plus profond de l'espoir
Pour trouver sa propre fin
Toute enlaidie de regrets.

VI

Entre douze colonnes d'or
Apparaît le mauvais larron
Couché sur la table dressée

Entre deux clés sur leurs serrures
S'assoupit le miroir boueux
D'où s'évade le prisonnier

Entre les fleurs du jardin d'ambre
Sans soleil rôde une ombre rose
Celle d'un peu de sang versé

Mais quel sourire durera
Ayant passé sans s'émouvoir
Entre les flèches de mes nerfs.

VII

Sous la dure poussière sous l'aigre vêtement
Des antiques sanctuaires de la pauvreté
Dans les maisons pourries plus incompréhensibles

Qu'un seul morceau de pain regardé d'un œil pur
A peine un toit le ciel qui passe par les trous
Fait lever le chagrin des malades frileux
L'escalier en prière laisse monter la fange
La fièvre et les oiseaux brisés et les serpents
Gluants l'oubli du bien monte la peur aux dents
Et la sueur du temps colle aux cendres des rêves
Oui tout est à regret à peine une fenêtre
A peine cette flamme de la mort violente
Aux carreaux répugnants à peine le courage
De fermer les paupières sur l'horreur de demain

N'évitez que le sort hostile la misère
Et l'ennui la faiblesse et dans l'ombre à genoux
La promesse de plomb d'une vie sans colère
A la vue des forfaits d'un injuste bonheur.

LA VIE LA NUIT

RÊVE DU 21 SEPTEMBRE 1943

J'ai rêvé que je marchais vite
Sur les routes du Tyrol
Parfois pour aller plus vite
Je marchais à quatre pattes
Et mes paumes étaient dures
Et de belles paysannes
A la mode de là-bas
Me croisaient me saluaient
D'un geste doux
Et j'arrivai aux prisons

On avait mis des rubans aux fenêtres
Les portes étaient grandes ouvertes
Et les prisons étaient vides
Je pouvais y habiter
Entrer sortir à mon gré
Je pouvais y travailler
Je pouvais y être heureux
En bas dans une écurie
Des chevaux noirs enrubannés
Attendaient mon bon plaisir
Comme de l'eau dans le soleil

Les murs tremblaient
Sur la place les paysannes
Riaient sans savoir pourquoi
C'était la fête de la neige
En plein été parmi les fleurs

Je repartis gonflé d'air pur
Léger rapide sur les routes
J'arrivai aux mêmes prisons
Ensoleillées vides et gaies

Je me suis réveillé surpris
De n'avoir pas rencontré d'homme.

RÊVE DU 12 NOVEMBRE 1943

La montagne de pierre blanche
Glisse de droite à gauche
Comme une barque sans passagers
Sur une invisible rivière

Le jour a fourni la matière
De plusieurs ballons de fleurs grises
Qui passent devant la montagne
De gauche à droite

Une fille volante
Descend vers moi très lentement
Dans le vent elle chante à peine
Ne croyez pas qu'elle ait des ailes

Je l'attire comme une alouette
Avec un morceau de fer-blanc

Elle m'échappe plusieurs fois
Elle est bien habillée de blanc

D'un manteau blanc
Fermé très haut car elle a froid
D'un chapeau blanc
De ce blanc qui va bien aux blondes
De neige sous un soleil clair

Quand je l'attrape elle m'emmène
Dans une petite allée grise
Nous planons légèrement
Elle est très belle il fait très froid
Le jour s'achève mais je sais

Le secret tiède de ses seins.

CECI N'EST PAS UN RÊVE

Sous le rideau des forêts endormies
Sous le manteau des plages sans empreintes
Au plus profond d'un monde maternel
Dans un berceau garni d'un feu très doux

Pâle étoile du bonheur
Un visage veut survivre
Lumière à porter aux nues
Un visage veut s'étendre
Cette femme résignée
Cette femme rougissante
Cette femme prosternée
Un chardon souffle ses charmes

Légers
Comme le son des cloches des années passées
Passées à rêver

Un joli teint de raisin
De blondes mèches d'eau fraîche
Elles lavent le chemin
Le délassent et l'éclairent
La femme regarde au loin
Et moi je regarde au loin
Et nous abordons ensemble
A la rive de nos yeux
Ensemble
La poitrine de chair intacte est dévoilée
Floraison d'air pur

Un profond soupir de joie
La solitude est vaincue
Un profond rire de source
La force est égalisée
Confiantes nos mains s'unissent
Les moissons de la jeunesse
Débordent dans l'éternel
Et les bouches amoureuses
Avouent
Le langage sans but sans ombres qui rayonne
Et qui chante haut.

JUNGLE

La prison pendait lamentablement
La prison dormait
D'implacables négresses glissaient dans les tentures

Descendaient les torrents
Ardente laine en vrac menée par la nuit lourde
Ainsi qu'en barque à peine adroite une aventure

La prison petit bois des îles
Aux confins du linge humide
De la sueur de la peur
Corne penchée sur les femmes
Et sous la voûte au cœur sombre

Sur les femmes dansant fines
Leurs seins nus cachant l'été
Le ciel où le drapeau de l'été est planté
Dans la prison des paroles à vif
Des paroles aujourd'hui fortes et dangereuses
Des paroles demain fortes et exigeantes
Justes nous triomphons distraits nous périssons

Mais rire sous couleur de ne pas prendre feu
Rire au seul souvenir des femmes
Chaudes et veuves dans la nuit molle.

LE MONDE EST NUL

I

Fausses guenons et fausses araignées
Fausses taupes et fausses truies
Et parfois l'ombre d'une biche
Sauvagement bêtes et malheureuses
Timidement femmes illuminées

Ensevelies secouant leur linceul
Femmes de craie femmes de suie
Brûlées le jour d'un feu nocturne
Glacées la nuit par un monstre visible
Leur propre image éternellement seule

Chantant la mort sur les airs de la vie
La terre leur est familière
Terre sans graines sans racines
Sans la lumière agile du dehors
Sans les clés d'or de l'espace interdit.

II

Petite et belle elle peut vivre sans miroir
Petite et belle elle peut vivre sans espoir

Les longs charrois de nuit et l'aube à petit feu
Ont dégradé son corps ont dévasté son cœur

Vivre toujours peut-être et patient je regarde
Le jour pâle épouser sans plaisir ses yeux vagues.

III

Le visage pourri par des flots de tristesse
Comme un bois très précieux dans la forêt épaisse
Elle donnait aux rats la fin de sa vieillesse
Ses doigts leur égrenaient gâteries et caresses

Elle ne parlait plus elle ne mangeait plus.

IV

Impérieusement elle ordonnait aux hommes
De se mettre à l'abri sous de bonnes ordures
Elle hurlait je suis la putain du Seigneur
Une fille de rien je sors de la nuit noire
Par une étoile dérobée
Et je commande avec une langue de boue
Que l'on m'aime à jamais.

V

Écrasée accablée appliquée à vieillir
Et mes sœurs me devaient quinze millions de siècles

La cadette voyait plus clair à travers moi
Qu'à travers l'Algérie trapue un continent
Moulé pétri laqué par des chaleurs d'argent

J'arborais un enfant sur mon sein transparent
Dans un berceau de verre un tonnerre d'enfant
Régnant sans le secours de la mort ni du ciel
Les oiseaux souvolaient les monts et les vallées
Les poissons s'en allaient de tous les océans.

VI

Qui suis-je et ce marron et son sucre intérieur
Ce mannequin en croix est-il un homme ou moi
Vous parlez par ma voix vous m'avez déchaînée
Et moi je vous enchaîne sans savoir pourquoi.

VII

J'ai pour la foudre chue un respect de vaincue
Mes os sont calcinés ma couronne est brisée
Je pleure et l'on en rit ma souffrance est souillée
Et le mur du regret cerne mon existence
Peut-être aurais-je pu me masquer de beauté
Peut-être aurais-je pu cacher cette innocence
Qui fait peur aux enfants.

LE CIMETIÈRE DES FOUS

Ce cimetière enfanté par la lune
Entre deux vagues de ciel noir
Ce cimetière archipel de mémoire
Vit de vents fous et d'esprits en ruine

Trois cents tombeaux réglés de terre nue
Pour trois cents morts masqués de terre
Des croix sans nom corps du mystère
La terre éteinte et l'homme disparu

Les inconnus sont sortis de prison
Coiffés d'absence et déchaussés
N'ayant plus rien à espérer
Les inconnus sont morts dans la prison

Leur cimetière est un lieu sans raison.

Asile de Saint-Alban, 1943.

LE MUR

à Sophie Taeuber-Arp.

Impatience violence arbre déraciné
Flèche devant l'oiseau les ailes arrachées

Les ailes arrachées la terre au fond de l'eau
Traîne comme mes mains amoureuses et pâles

La boue au fond de l'eau la vase nuageuse
La substance évidente dont je sortirai

Dont je m'échapperai car j'impose à l'espace
Ce haut mur en tous sens qui compose ma mort

Ce mur fuyant des jours éternels ma demeure.

L'AUBE DISSOUT LES MONSTRES

Ils ignoraient
Que la beauté de l'homme est plus grande que l'homme

Ils vivaient pour penser ils pensaient pour se taire
Ils vivaient pour mourir ils étaient inutiles
Ils recouvraient leur innocence dans la mort

Ils avaient mis en ordre
Sous le nom de richesse
Leur misère leur bien-aimée

Ils mâchonnaient des fleurs et des sourires
Ils ne trouvaient de cœur qu'au bout de leur fusil

Ils ne comprenaient pas les injures des pauvres
Des pauvres sans soucis demain

Des rêves sans soleil les rendaient éternels
Mais pour que le nuage se changeât en boue
Ils descendaient ils ne faisaient plus tête au ciel

Toute leur nuit leur mort leur belle ombre misère
Misère pour les autres

Nous oublierons ces ennemis indifférents
Une foule bientôt
Répétera la claire flamme à voix très douce
La flamme pour nous deux pour nous seuls patience
Pour nous deux en tout lieu le baiser des vivants.

SEULE

à Gérard Vulliamy.

Tout se résout dit-elle en s'éveillant
Car le sommeil m'a donné à penser
Et ma mémoire est un fruit savoureux
Plus savoureux que le soleil nouveau
Qui doucement éclaire mes draps chauds

Mémoire et même du désert et du silence

Joli désert où la mort est légion
Le cœur parcelle et le temps dispersion
Silence noir où tout se contredit

Elle s'éveille et ses yeux ne sont plus
Ces îles loin à l'horizon du corps
On y pénètre on y chante on y rit
Le jour bâillonne le silence.

A SA PLACE

à Cicero Dias.

Un rayon de soleil entre deux diamants
Et la lune qui fond sur les blés obstinés

Une femme immobile a pris place sur terre
Dans la chaleur elle s'éclaire lentement
Profondément comme un bourgeon et comme un fruit

Dans la chaleur la nuit fleurit le jour mûrit.

CHRONIQUE

à Félix Labisse.

Le ventre gros de printemps
C'est une femme qui naît

Sous le poids du soleil vert
Les nuages disparaissent

Dans leur eau pure les bêtes
Fendent les herbes du ciel

La femme a levé la tête
Et ses songes la dévoilent

Le chemin de son sourire
Passe par ses seins d'oiseau

Que guettent les bêtes tendres.

REPOS D'ÉTÉ

I

Allongé sur le lit le soleil me fait grâce
Je garde encore la tendresse de la nuit

II

Le contact sans fin de la nuit
Dans les îles chaudes du cœur

III

L'enfant la plus inutile
Sans avenir sans mémoire
Très vague et toujours bercée

Elle se tisse un voile de café
Elle soulève un voile de fumée

Rose à finir sous les yeux
Sous l'abat-jour de ses doigts

Rose à finir sous les lèvres
En silence sous les lèvres
Du plus grand plaisir connu

IV

Il est trop tard pour un baiser entre les seins
Mais j'ai blouse fine dit-elle
Petite aile du matin
Que la caresse paralyse

V

Au tonnerre des pavés
Le jour coule dans la rue
Et les femmes se colorent
Et les hommes s'accentuent
Longues places de mes hommes
Perspectives de mes femmes
Tous inspirés tous absents
Tous faisant face au désert

VI

Par bonheur le jardin d'ambre
Où je répète moissons
Moissonneurs et moissonneuses
L'ombre forte de leurs cuisses
Comme une bêche assouplit
La terre rase abattue

Terre terre espoir et terre
Pour porter tous les enfants

Moissonneurs et moissonneuses
Sans eau mais lavés de feu

VII

Sous les gerbes et les arcs
Fuit une foule de grains
Fuit la flamme et la fraîcheur
Pour un seul épi modèle
Plus fort que le ciel lointain.

ENTERRAR Y CALLAR

Frères cette aurore est vôtre
Cette aurore à fleur de terre
Est votre dernière aurore
Vous vous y êtes couchés
Frères cette aurore est nôtre
Sur ce gouffre de douleur

Et par cœur et par courroux
Frères nous tenons à vous
Nous voulons éterniser
Cette aurore qui partage
Votre tombe blanche et noire
L'espoir et le désespoir

La haine sortant de terre
Et combattant pour l'amour
La haine dans la poussière
Ayant satisfait l'amour
L'amour brillant en plein jour
Toujours vit l'espoir sur terre.

CRITIQUE DE LA POÉSIE

Le feu réveille la forêt
Les troncs les cœurs les mains les feuilles
Le bonheur en un seul bouquet
Confus léger fondant sucré
C'est toute une forêt d'amis
Qui s'assemble aux fontaines vertes
Du bon soleil du bois flambant

Garcia Lorca a été mis à mort

Maison d'une seule parole
Et des lèvres unies pour vivre
Un tout petit enfant sans larmes
Dans ses prunelles d'eau perdue
La lumière de l'avenir
Goutte à goutte elle comble l'homme
Jusqu'aux paupières transparentes

Saint-Pol-Roux a été mis à mort
Sa fille a été suppliciée

Ville glacée d'angles semblables
Où je rêve de fruits en fleur
Du ciel entier et de la terre
Comme à de vierges découvertes

Dans un jeu qui n'en finit pas
Pierres fanées murs sans écho
Je vous évite d'un sourire

Decour a été mis à mort.

Chanson complète a été publié, à petit nombre, par les Éditions Gallimard, en mai 1939.

Le Livre ouvert I et *II* ont été publiés respectivement par les Éditions des Cahiers d'Art à 250 et 500 exemplaires en octobre 1940 et janvier 1942.

Le lit la table a été publié en Suisse par les Éditions des Trois Collines, en mai 1944.

. De ces volumes, nous avons cru devoir conserver dans la présente édition les poèmes comme *Les Vainqueurs d'hier périront*, *Médieuses*, *Moralité du sommeil* et *Sur les pentes inférieures* qui ont été reproduits depuis dans d'autres ouvrages de l'auteur.

LA VIE ET L'ŒUVRE
DE PAUL ÉLUARD

1895, 14 décembre : Naissance de Eugène-Émile-Paul Grindel à Saint-Denis (Seine). Son père est comptable. Élève à l'école de Saint-Denis, puis à celle d'Aulnay-sous-Bois. En 1909, à l'école primaire supérieure Colbert, à Paris.

1912, décembre : Une hémoptysie le contraint à interrompre ses études. Il entre au sanatorium de Clavadel, près de Davos, en Suisse, où il rencontre une jeune Russe, Hélène Dmitrovnia Diakonova qu'il prénomme Gala. Elle deviendra Gala Éluard en 1917.

Lecture des *Feuilles d'herbe* de Whitman et des poètes unanimistes du groupe de l'Abbaye de Créteil.

1913 : Grindel publie, à compte d'auteur, *Premiers poèmes* et, l'année suivante, *Dialogues des inutiles* (détruits plus tard par leur auteur).

1914, décembre : Quelques mois après sa sortie du sanatorium, il est mobilisé.

1916 : Infirmier à l'hôpital ordinaire d'évacuation n° 18 à Hargicourt (Somme). Il signe Éluard, du nom de sa grand-mère maternelle, une plaquette de vers polycopiée, *Le devoir*.

1917 : Sur le front, au 95e Régiment d'Infanterie. Hospitalisé, il rentre à Paris.

1918, en mai : Naissance de sa fille, Cécile.

En juillet, Éluard publie les *Poèmes pour la paix*.

1919 : Il rejoint le groupe Dada où il entre en relations avec Aragon, Breton, Soupault, Tzara.

1920 : Il publie le premier numéro de sa revue *Proverbe* et *Les animaux et leurs hommes, les hommes et leurs animaux*.

1921 : *Les nécessités de la vie et les conséquences des rêves*.

1922 : Le groupe Dada s'effrite. Publication des *Malheurs des immortels* et de *Répétitions*.

1924 : Le premier *Manifeste du surréalisme* permet de regrouper les transfuges de Dada autour d'André Breton.

Éluard publie *Mourir de ne pas mourir*, puis s'embarque à Marseille pour une fugue de sept mois en Extrême-Orient. A son retour il participe à la rédaction du premier numéro de *La Révolution surréaliste*.

1925 : *152 Proverbes mis au goût du jour*, écrits en collaboration avec Benjamin Péret, et *Au défaut du silence*.

1926 : *Capitale de la douleur. Les dessous d'une vie ou la pyramide humaine*. Éluard adhère au parti communiste et collabore à la revue *Clarté*.

1927 : Signe avec Aragon, Breton, Péret et Unik, la « lettre des cinq » aux surréalistes non communistes.

1928 : *Défense de savoir*. Éluard est hospitalisé dans les Grisons, au sanatorium d'Arosa, où il passera l'hiver.

1929 : *L'Amour la poésie*. Éluard rencontre Nusch (Maria Benz) qui l'accompagnera dix-sept ans, et René Char.

1930 : *Ralentir travaux*, en collaboration avec Char et Breton. *A toute épreuve. L'Immaculée conception*, en collaboration avec Breton.

1931 : *Dors*.

1932 : *La Vie immédiate*. Au lendemain du Congrès international des écrivains révolutionnaires de Kharkov, Éluard rompt avec Aragon et fait paraître contre lui un texte sévère : *Certificat*.

1933 : Éluard est exclu du parti communiste. Il publie *Comme deux gouttes d'eau*.

1934 : Il signe un *Appel collectif à la lutte contre le péril fasciste* et participe au Comité de vigilance des Intellectuels. *La Rose publique* clôt une certaine manière de poésie expérimentale.

1935 : Conférences à Prague, pour l'exposition surréaliste, avec Breton. *Nuits partagées* et *Facile*.

1936 : *Grand air, La Barre d'appui, Notes sur la poésie* (avec Breton), *Les Yeux fertiles*. Série de conférences en Espagne autour d'une rétrospective Picasso et à Londres où se tient l'Exposition internationale du surréalisme. Prend position contre le coup de force franquiste.

1937 : *L'Évidence poétique, Les Mains libres, Premières vues anciennes, Appliquée, Quelques-uns des mots qui jusqu'ici m'étaient mystérieusement interdits*.

1938 : Organise avec Breton l'« Exposition internationale du surréalisme » à Paris et collabore avec lui au *Dictionnaire abrégé du surréalisme*. Après le bombardement de Guernica, en Espagne, Éluard s'engage plus activement et plus violemment qu'avant (« La victoire de Guernica » dans *Cours naturel*). *Solidarité*, illustré par Miró, Picasso, Tanguy,

Masson, est vendu au profit des Républicains espagnols.

1939 : Publication de *Médieuses*. illustré par Valentine Hugo, *Chanson complète*, *Donner à voir*. Éluard est mobilisé dans l'Intendance à Mignères (Loiret).

1940 : Éluard démobilisé regagne Paris. Parution du *Livre ouvert I*.

1941 : *Moralité du sommeil* et *Sur les pentes inférieures*. Éluard s'engage dans la Résistance.

1942 : Les avions de la Royal Air Force parachutent au-dessus des maquisards des milliers d'exemplaires de *Poésie et vérité 1942*. Le poète revient définitivement dans le sein du parti communiste. *Le Livre ouvert II*. *Poésie involontaire et poésie intentionnelle*.

1943 : Renoue avec Aragon et anime avec lui le Comité national des écrivains. Collabore aux *Lettres françaises*, rassemble les textes de *L'Honneur des Poètes*, pour les Éditions de Minuit. Publie *Les Sept poèmes d'amour en guerre*, sous le pseudonyme de Jean du Haut. De novembre 43 à février 44, Éluard se cache à l'hôpital psychiatrique de Saint-Alban en Lozère. Il compose *Souvenirs de la maison des fous* (publié en 46).

1944, février : Retour à Paris. *Le lit la table*. Publie *Les Armes de la douleur*, pour la libération de Toulouse. Fonde un journal clandestin, *L'Éternelle Revue*. Août : le poète sort de la clandestinité et publie une somme de poèmes écrits dans la Résistance : *Dignes de vivre*, *Au rendez-vous allemand*, *A Pablo Picasso*. Il reçoit la Médaille de la Résistance.

1945 : *En avril 1944* : *Paris respirait encore!*, *Doubles d'ombre*, *Lingères légères*, *Une longue réflexion amoureuse*, *Le Vœu*.

1946 : *Poésie ininterrompue I*. Conférences en Tchécoslovaquie et Italie. Voyage en Yougoslavie et en Grèce. *Le Dur désir de durer*. *Objet des mots et des images*.

28 novembre : Éluard apprend, en Suisse où il séjourne, la mort de Nusch. De ce jour jusqu'à sa rencontre avec Dominique Lemor au Congrès mondial de la Paix à Mexico (1949), le poète traverse une période de désespoir.

1947 : *Elle se fit élever un palais*. *Le Temps déborde*. *Corps mémorable*. *Le meilleur choix de poèmes est celui que l'on fait pour soi*. *A l'intérieur de la vue*, 8 poèmes visibles.

1948 : *Picasso à Antibes*. *Voir*. *Premiers poèmes, 1913-1921*. *Poèmes politiques*. Éluard se fait le porte-parole de la paix et de la liberté dans de nombreux pays. *Perspectives*, *Corps mémorable*, *Le Bestiaire*.

1949 : *La Saison des amours*. Parcourt la Macédoine et

passe quelques jours auprès des partisans grecs. *Grèce ma rose de raison. Une leçon de morale.*

1950 : *Hommage aux Martyrs et aux combattants du Ghetto de Varsovie.* Voyage en Tchécoslovaquie et en U.R.S.S.

1951 : Mariage d'Éluard et de Dominique. Ils partagent leur temps entre Paris, Beynac (Dordogne) et Saint-Tropez. Publication de *Pouvoir tout dire, Première anthologie vivante de la poésie du passé. La Jarre peut-elle être plus belle que l'eau?, Le Visage de la Paix, Grain-d'aile, Le Phénix, Marines.*

1952 : A Genève, Paul Éluard donne une conférence sur le thème : *La Poésie de circonstance.* Représentant le peuple français, il participe à Moscou aux manifestations organisées pour commémorer le cent-cinquantième anniversaire de la naissance de Victor Hugo et le centième anniversaire de la mort de Gogol.

Il publie l'*Anthologie des écrits sur l'art, Les Sentiers et les routes de la poésie.* Il achève *Poésie ininterrompue II.* Pendant l'été, le poète subit une première attaque d'angine de poitrine. Le 18 novembre, à 9 heures du matin, à son domicile parisien de l'avenue de Gravelle, Paul Éluard succombe à une nouvelle crise cardiaque.

BIBLIOGRAPHIE

- 1917 *Le devoir et l'inquiétude* (Gonon).
- 1918 *Poèmes pour la paix.*
- 1920 *Les animaux et leurs hommes, les hommes et leurs animaux* (Au Sans Pareil).
- 1921 *Les nécessités de la vie et les conséquences des rêves* précédé d'*Exemples* (Au Sans Pareil).
- 1922 *Répétitions* (Au Sans Pareil).
- 1924 *Mourir de ne pas mourir* (N.R.F.).
- 1925 *Au défaut du silence.*
- 1926 *Capitale de la douleur* (N.R.F.). *Les dessous d'une vie ou la pyramide humaine* (Les Cahiers du Sud).
- 1928 *Défense de savoir* (Éditions surréalistes).
- 1929 *L'Amour la poésie* (N.R.F.).
- 1930 *A toute épreuve* (Éditions surréalistes).
- 1931 *Dors.*
- 1932 *La Vie immédiate* (Éditions des Cahiers libres).
- 1933 *Comme deux gouttes d'eau* (Corti).
- 1934 *La Rose publique* (N.R.F.).
- 1935 *Nuits partagées* (G.L.M.).
- 1936 *La Barre d'appui* (Éditions des Cahiers d'Art). *Les Yeux fertiles* (G.L.M.).
- 1937 *L'Évidence poétique* (G.L.M.). *Appliquée. Les Mains libres* (Édition Jeanne Bucher). *Quelques-uns des mots qui jusqu'ici m'étaient mystérieusement interdits* (G.L.M.).
- 1938 *Cours naturel* (Éditions du Sagittaire).
- 1939 *Médieuses. Chanson complète* (N.R.F.). *Donner à voir* (N.R.F.).
- 1940 *Le Livre ouvert I 1938-1940* (Éditions des Cahiers d'Art).
- 1941 *Moralité du sommeil* (Éditions de l'Aiguille aimantée, Anvers). *Sur les pentes inférieures* (Éditions La Peau de chagrin). *Choix de poèmes 1916-1940* (N.R.F.).
- 1942 *Le Livre ouvert II 1939-1941* (Éditions des Cahiers d'Art). *La dernière nuit. Poésie involontaire et poésie intentionnelle* (Éditions Poésie 42). *Poésie et vérité 1942* (Éditions de la Main à la plume).

1943	*Les Sept poèmes d'amour en guerre* (Bibliothèque française).
1944	*Le lit la table* (Éditions des Trois Collines, Genève). *Dignes de vivre* (Éditions Sequana). *Au rendez-vous allemand* (Éditions de Minuit). *A Pablo Picasso* (Éditions des Trois Collines, Genève).
1945	*En avril 1944: Paris respirait encore! Lingères légères* (Seghers). *Une longue réflexion amoureuse* (Éditions Ides et Calendes, Neuchâtel).
1946	*Poésie ininterrompue* (Gallimard). *Souvenirs de la maison des fous* (Éditions Pro Francia). *Le Dur désir de durer* (Éditions Arnold-Bordas). *Objet des mots et des images.*
1947	*Le Livre ouvert (1938-1944) I et II* (Gallimard). *Le Temps déborde* (Éditions des Cahiers d'Art). *Corps mémorable* (Seghers). *Le meilleur choix de poèmes est celui que l'on fait pour soi, 1818-1918* (Éditions du Sagittaire).
1948	*Picasso à Antibes* (Éditions Drouin). *Voir* (Éditions des Trois Collines, Genève). *Premiers poèmes 1913-1921* (Éditions Mermod, Lausanne). *Poèmes politiques* (Gallimard). *Perspectives* (Maeght).
1949	*Une leçon de morale* (Gallimard).
1950	*Hommages* (Éditions des Cahiers de la Poésie Nouvelle, Namur).
1951	*Pouvoir tout dire* (Éditions Raisons d'être). *Le Phénix* (G.L.M.). *Grain-d'aile. La Jarre peut-elle être plus belle que l'eau?* (Gallimard). *Première anthologie vivante de la poésie du passé* (Seghers). *Le Visage de la Paix* (Éditions Cercle d'Art).
1952	*Anthologie des écrits sur l'art* (Éditions Cercle d'Art). *Les Sentiers et les routes de la poésie* (Éditions Les Écrivains réunis).

DÉDICACE   7

CHANSON COMPLÈTE

Trois chevaux aigus   11
NOUS SOMMES   13
NULLE RUPTURE : LA LUMIÈRE ET LA CONSCIENCE
   M'ACCABLENT D'AUTANT DE MYSTÈRES, DE MISÈRES
   QUE LA NUIT ET LES RÊVES   15
A L'OMBRE DE MA PORTE   17
POÈME PERPÉTUEL   18
L'OR ET L'EAU FROIDE   20
FIN D'UN MONSTRE   21
VERTUEUX SOLITAIRE   22
A PEINE UNE PART DE SOUFFLE   23
A LA POURSUITE DES SAISONS   24
NE PAS ALLER AU CŒUR DES AUTRES : EN SORTIR   25
TROIS POÈMES INACHEVÉS   27
LE CIEL DE TOUS LES JOURS   29
LES VAINQUEURS D'HIER PÉRIRONT   31

LE LIVRE OUVERT, I

VIVRE   37
NOUS N'IMPORTE OÙ   39
« JE VEUX QU'ELLE SOIT REINE ! »   41
SEUL   43
CRIER   44
DEUX VOIX EN UNE   46
JUSTICE   48
JOUER   49
MOURIR   50

MOURIR	51
FINIR	52
PASSER	54
AU FOND DES MAINS	55
QUATRE DEUILS	56
PAILLE	59
ENFANTS	60
VUE DONNE VIE	61
JE NE SUIS PAS SEUL	64
MÉDIEUSES	65
AU PREMIER MOT LIMPIDE	70
ONZE POÈMES DE PERSISTANCE	71
Rien que le grand air	71
Le rôle de l'impuissance	71
Jours sans ombres	71
Bariolage	72
Premier moment	72
Les dieux	72
L'orage	72
Proportions	73
Premier et dernier acte de la tragédie	73
Renoncement	73
Indépassable	73
RENCONTRES	74
POUR VIVRE ICI	77
RÈGNES	81

LE LIVRE OUVERT, II

MORALITÉ DU SOMMEIL	87
EN DEÇA CLAIRVOYANT DÉÇU	91
La forme	91
Le droit le devoir de vivre	91
Les requins au soleil	92
Beaux reflets	93
L'étoile disparaît	94
L'abandonné	95
Je suis la bête	95

DRAPERIES NOIRES ET BLANCHES	96
Voir	96
Pour un enfant nu	96
De l'horloge à l'aurore	96
Limite	97
TANT DE LIVRES	98
Le guerrier et la coquille	99
Toute la vie	99
ROSACES	100
Sous l'angle d'or	100
Le dernier souffle	102
La conquête d'un être endormi	102
L'absence	103
Surgis	104
Se confondraient	105
L'alliance	106
LES RAISONS DE RÊVER	107
Mes heures	107
Les excellents moments	110
Marines	111
Belle épouse	114
Blason des fleurs et des fruits	114
Blason des arbres	119
Les jeux de la poupée	122
FORCE ET FAIBLESSE	127
Si tu aimes	127
Passages	128
Boire	128
Dimanche après-midi	129
Chant de saison	130
Force et faiblesse	131
Être réel	133
SUR LES PENTES INFÉRIEURES	134
Aussi bas que le silence	134
Première marche la voix d'un autre	134
Le rôle des femmes	135
Patience	136
Un feu sans tache	136
Bientôt	137
La halte des heures	138

LE LIT LA TABLE

NOTRE ANNÉE	141
LES SENS	144
A CELLE QUI RÉPÈTE CE QUE JE DIS	146
Animée	146
J'avais mon paysage	147
Ferme les yeux	147
Un nuage de paresse	148
Les lèvres quittées	148
Chimère	148
Je fête l'essentiel	149
AVEC MOI	150
AVEC TOI	151
SANS TOI	152
FRESQUE	153
J'étais celui qui se promène	153
La plus humble fleur	153
Dans la tremblante intelligence	154
Le buisson	155
Il partit	155
Entre douze colonnes	156
Sous la dure poussière	156
LA VIE LA NUIT	158
Rêve du 21 septembre 1943	158
Rêve du 12 novembre 1943	159
Ceci n'est pas un rêve	160
Jungle	161
LE MONDE EST NUL	163
Fausses guenons	163
Petite et belle	163
Le visage pourri	164
Impérieusement	164
Écrasée accablée	164
Qui suis-je	165
J'ai pour la foudre chue	165
Le cimetière des fous	166

LE MUR	167
L'AUBE DISSOUT LES MONSTRES	168
SEULE	170
A SA PLACE	171
CHRONIQUE	172
REPOS D'ÉTÉ	173
ENTERRAR Y CALLAR	176
CRITIQUE DE LA POÉSIE	177
Note sur *Le livre ouvert*	179
La vie et l'œuvre de Paul Éluard	181
Bibliographie	185

Ce volume,
le cent unième de la collection Poésie,
a été achevé d'imprimer sur les presses
de l'imprimerie Bussière à Saint-Amand (Cher),
le 20 septembre 1996.
Dépôt légal : septembre 1996.
1er dépôt légal dans la collection : février 1974.
Numéro d'imprimeur : 1919.
ISBN 2-07-032132-0./Imprimé en France.

78809